培养孩子，交给篮球就够了
PEI YANG HAI ZI, JIAO GEI LAN QIU JIU GOU LE

徐校飞　许滨　著

人民体育出版社

图书在版编目（CIP）数据

培养孩子，交给篮球就够了 / 徐校飞, 许滨著. --
北京：人民体育出版社, 2024
　　ISBN 978-7-5009-6452-0

　　Ⅰ.①培… Ⅱ.①徐…②许… Ⅲ.①青少年—篮球
运动—运动训练 Ⅳ.①G841.2

中国国家版本馆CIP数据核字(2024)第084395号

*

人民体育出版社出版发行
北京新华印刷有限公司印刷
新 华 书 店 经 销

*

710×1000　16开　9.5印张　131千字
2024年10月第1版　　2024年10月第1次印刷
印数：1—3,000册

*

ISBN 978-7-5009-6452-0
定价：50.00元

社址：北京市东城区体育馆路8号（天坛公园东门）
电话：67151482（发行部）　　邮编：100061
传真：67151483　　　　　　　邮购：67118491
网址：www.psphpress.com
（购买本社图书，如遇有缺损页可与邮购部联系）

序

这是一本面向家长及青少年的篮球科普读物。拿起书来,一行大字映入眼帘:"培养孩子,交给篮球就够了",这样的标题别开生面,不落俗套,引人注目。浏览书的内容,发现作者最想表达的主题就是"篮球是青少年成长的最好陪伴",这个认知来自于作者常年从事篮球运动的体会与感悟,揭示了篮球运动所具备的教育功能,应该不是夸大之语。

作者徐校飞作为一位篮球专业副教授,能够花费精力撰写这样一本通俗读物,显然是值得称道的。作者拥有比较完整的篮球经历,她13岁进入少体校,开始接触篮球,后历经市体校、省体校、青年队、成年队,成为职业运动员,退役后考入北京体育大学,经历了学士、硕士、博士阶段的刻苦学习,然后公派赴美国大学做访问学者,并在杨百翰大学夏威夷分校篮球队担任助教,回国后又曾在国家女篮担任科研教练……就是在如此丰富的人生经历中,形成了她对篮球价值的独特认知。在书中,她不仅简要回顾了自己在从事篮球运动过程中获得的进步与收获,还讲述了她在少年儿童篮球教学过程中的观察和感悟,并希望把这种体会与思考介绍给更多的人,使更多的孩子受益。

作者将儿童心理学、运动训练学、运动生理学、运动技能学等专业知识融入到儿童篮球教学过程中，通过实例讲解，以及对发生在身边故事的叙述，比较全面地阐述了篮球在帮助青少年增进健康、促进发育、坚强心理、健全人格、团队协作等方面能够发挥的独特作用。

本书的语言生动、自然流畅、深入浅出，富有哲理，读起来轻松愉快，能够在不知不觉中受到启迪。相信此书的出版发行，一定会得到广大小朋友及其家长的青睐。

我衷心希望，篮球能够成为孩子们健康成长的最佳陪伴。

李元伟

国家体育总局篮球运动管理中心原主任

北京体育大学原副校长

写在前面的话

电脑、智能手机、网络游戏……，让孩子走出房间越来越难。"双减"政策提出后，孩子拥有了更加充裕的自由时间，如何让孩子主动摆脱久坐生活方式的束缚和各种消极娱乐的诱惑，自觉自愿地选择"出汗受累"的体育锻炼方式，生龙活虎地运动起来呢？这可能是当下家长们十分关心的问题之一。

每个父母都希望自己的孩子快乐，如果你正在寻找一种强度适中、有助于孩子的健康，让孩子既能保持活跃，又能在运动中获得乐趣的项目，篮球可能是其中一个不错的选择。通过"玩篮球"，让孩子熟悉篮球，爱上篮球，可以变"被动体育"为"主动体育"。另外，也没有必要担心这项运动太冒险或太危险，因为它实际上是最安全的运动之一，如果"操作"正确，可以成为终身运动项目。

我曾经在大学生中做过一项调查，其中一个问题是："你为什么喜欢打篮球？"回答最多的是："打篮球能长个！"哈哈哈，多么纯粹的理由啊！可在我的身上，篮球的魅力远不止于此。

2016年6月，我在北京体育大学拿到了教育学博士学位，爸爸、妈妈和姐姐来到北京和我一起参加了毕业典礼，妈妈激动地说："真是光宗耀祖啊！"我开玩笑地跟女儿说："琪琪，如果现在有记者采访外公、外婆，如何培养一名博士研究生的话，他们的回答可以**很简单**。"女儿睁大眼睛问："他们要怎么回答呢？"我说："他们就回答'什么都不用管，**交给篮球就可以了！**'"

1994年过完春节，13周岁的我被送到杭州市体校，从此开始了我的篮球之路。杭州市体校、浙江省体校、浙江省体训一大队青年队，按部就班地晋级，18岁时顺利进入成年队，征战全国女子篮球甲级联赛。2002年中国女子篮球联赛开始职业化，即现在的WCBA。由于种种原因，2003年我选择了退役上大学，出色的篮球技术让我轻松地考上了北京体育大学。虽然近10年都没有系统读书，但是多年的篮球训练让我拥有了吃苦耐劳的品质和追求卓越的精神，本科通过了大学英语六级。2009年硕士毕业时参加北京体育大学篮球教研室（现中国篮球运动学院）的招聘，职业篮球运动员、硕士学位、英语六级，这样的条件在当时并不多见，于是我顺其自然地留校成为北京体育大学篮球教研室（现中国篮球运动学院）的一名教师。

出于对篮球的热爱，想在篮球领域有更深的研究，2012年我考上了北京体育大学体育教育训练学专业篮球方向的博士研究生。2013年获得国家留学基金委公派出国的机会，去往美国杨百翰大学夏威夷分校，在校期间担任男篮助理教练，参加了2013—2014赛季NCAA（美国全国大学体育协会）篮球联赛。2014年8月回国后开始整理研究材料，撰写博士论文，终于在2016年的初夏完成了学业。

一路走来，回首往昔，是篮球引领着我一步一步向前走。

2014年从美国回来，我的女儿已经快6周岁了，由于她是9月出生的，因此这一年她没有上小学。有一天我带她进北京体育大学校园玩，到球场她就自己抱个篮球玩去了，我在一边和同事正说着话，就听见她喊："妈妈，妈妈，我投中啦！"只见她两手持球在下巴底下，深深地蹲下，连跳带推地把球"扔"向篮筐，这次没有进，但是我知道，我的琪琪该好好玩篮球了！

为了给她找伴练球，我邀请了学校家属区同年龄段的小朋友们一起来玩篮球。这期间，很多孩子妈妈都给我传授育儿经验，"赶紧给琪琪报数学班、拼音班，要不等上学了，老师教得特别快，会跟不上的""女孩子得学门乐器，以后能拿得出手"。这样那样的支招真不少，可是，我只想让我的琪琪快乐玩耍，该学习的时候再学吧！每周末2天，我都会组织孩子们玩大概2小时篮球，一直坚持着。我们的组织人气越来越旺，我的2个同事也加入进来一起教孩子们玩篮球，他们的孩子一个叫可乐，一个叫淘淘，之后我们就为这个小集体起了个名字，叫"淘乐奇（琪）"。一到周末，篮球馆就是孩子们的天地了，除了练一点篮球的基本技术，大部分的时间都在玩篮球，欢声、笑语、汗水、泪水，成长的点点滴滴让学校家属区的孩子们有了共同成长的经历，亲如家人。

日子过得很快，琪琪五年级时，一天放学回来告诉我，她要评选海淀区"红领巾奖章"；六年级时，告诉我要评选北京市"三好学生"，最后都当选了。初中琪琪进了清华附中的女篮校队，初一学年结束时，被评为海淀区"三好学生"，这一切都让我始料未及。从2017年开始成为中国女篮教练组一员后，我在家的时间就越来越少，据我所知，她的学习成绩并没有那么突出。在我的印象里，这样的荣誉都是给学习成绩最好的孩子的，通过和老师的交流和孩子的交谈，我才知道，现在学习成绩不是评价孩子的唯一标准！同场竞技的篮球运动提高了她思考、应变的能力，游戏化的练习培养了她的竞争意识和规则意识，团队的相处为独生女的她提供了与人沟通和合作的平台……

篮球帮助我培养了一个好孩子，最重要的一点，她的童年很快乐！

目 录

第一部分 篮球：陪伴孩子成长的游戏　　　003

1. 关于篮球的故事：詹姆斯·奈史密斯的伟大发明　　006
寒冷的冬天学生们需要室内游戏　　006
极具创新精神的詹姆斯·奈史密斯博士　　007
篮球运动诞生了　　007

2. 篮球运动的本质是游戏　　009
孩子学篮球的宗旨：获得乐趣　　010
你知道"迷你篮球（Mini Basketball）"吗？　　011

3. 打篮球，对孩子来说意味着什么？　　014
打篮球，改变命运　　014
打篮球，遇见更好的自己　　016

第二部分 激发孩子的身体潜能　　　019

1. 更健康的身体　　022
打篮球，真的能长高吗？　　022
提高机体供能系统能力　　029

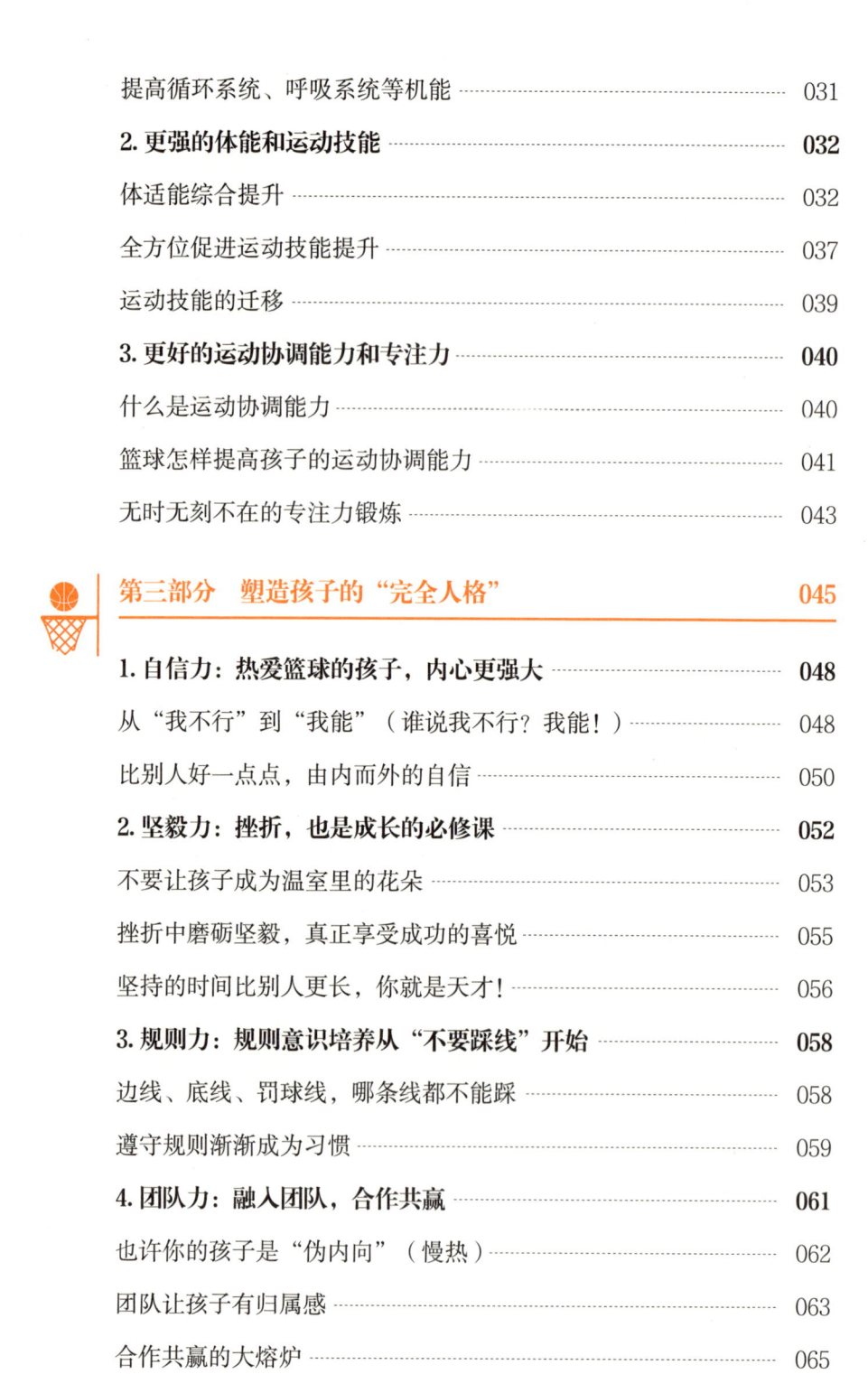

提高循环系统、呼吸系统等机能 — 031

2. 更强的体能和运动技能 — 032
体适能综合提升 — 032
全方位促进运动技能提升 — 037
运动技能的迁移 — 039

3. 更好的运动协调能力和专注力 — 040
什么是运动协调能力 — 040
篮球怎样提高孩子的运动协调能力 — 041
无时无刻不在的专注力锻炼 — 043

第三部分 塑造孩子的"完全人格" — 045

1. 自信力：热爱篮球的孩子，内心更强大 — 048
从"我不行"到"我能"（谁说我不行？我能！）— 048
比别人好一点点，由内而外的自信 — 050

2. 坚毅力：挫折，也是成长的必修课 — 052
不要让孩子成为温室里的花朵 — 053
挫折中磨砺坚毅，真正享受成功的喜悦 — 055
坚持的时间比别人更长，你就是天才！— 056

3. 规则力：规则意识培养从"不要踩线"开始 — 058
边线、底线、罚球线，哪条线都不能踩 — 058
遵守规则渐渐成为习惯 — 059

4. 团队力：融入团队，合作共赢 — 061
也许你的孩子是"伪内向"（慢热）— 062
团队让孩子有归属感 — 063
合作共赢的大熔炉 — 065

第四部分　篮球运动帮助体脑共训　　　069

1. 篮球与孩子的大脑发育　　　071
篮球如何影响孩子的大脑发育　　　072
篮球可以提高大脑的工作效率　　　073
看不见摸不着的球商　　　074

2. 学篮球对孩子认知能力的锻炼　　　075
观察能力和注意力　　　075
思维能力和记忆力　　　077
应变能力和创造力　　　079

第五部分　学篮球，从什么时候开始　　　083

1. 孩子身心发展的程度　　　086
年龄和身高的问题　　　087
孩子的心理发展程度　　　088
"小小孩儿"也能玩篮球　　　090

2. 尊重孩子的意愿　　　093
倾听孩子的心声　　　093
引导而不是强迫　　　095
女孩能打篮球吗？　　　096

第六部分　学篮球，家长如何陪伴孩子　　　101

1. 不要轻言放弃　　　104
课业学习不是停下来的理由　　　104
没有坚持不了的孩子，只有坚持不了的家长　　　106
孩子需要榜样　　　108

2. 关注、鼓励和赞美 — 110
- 用鼓励和赞美建立孩子的自信 — 111
- 批评也比忽略好 — 114

3. 为孩子提供安全保障 — 116
- 从室内场地开始打篮球 — 117
- 保证充分的准备活动 — 118
- 避免早期专项化和过度训练 — 119
- 运动补水要及时、科学 — 120
- 为孩子选择装备 — 121

第七部分 学篮球，家长需要建立"支持系统" — 125

1. 为孩子选择好的起点 — 128
- 兴趣是最好的老师 — 128
- 专业的事情让专业的人做 — 129

2. 积极参加适宜的比赛 — 130
- 教育系统的比赛体系 — 133
- 社会力量的比赛体系 — 133

3. 与其他孩子家长结成联盟 — 136
- 一起带娃打篮球，消融彼此陌生感 — 136
- 小手拉大手，激发大家的积极性 — 137

参考文献 — 139

从琪琪 6 岁开始玩篮球，我带着孩子们走过了六七个年头，队伍也越来越壮大，还在继续着……

读了我的经历和琪琪的成长经历，你是不是已经迫不及待地想问："篮球到底是怎么影响孩子的呢？"别着急，篮球带给孩子们的乐趣和益处，我都要一点一点地分享给你们，希望你们的孩子也可以早一点享受篮球的魅力！

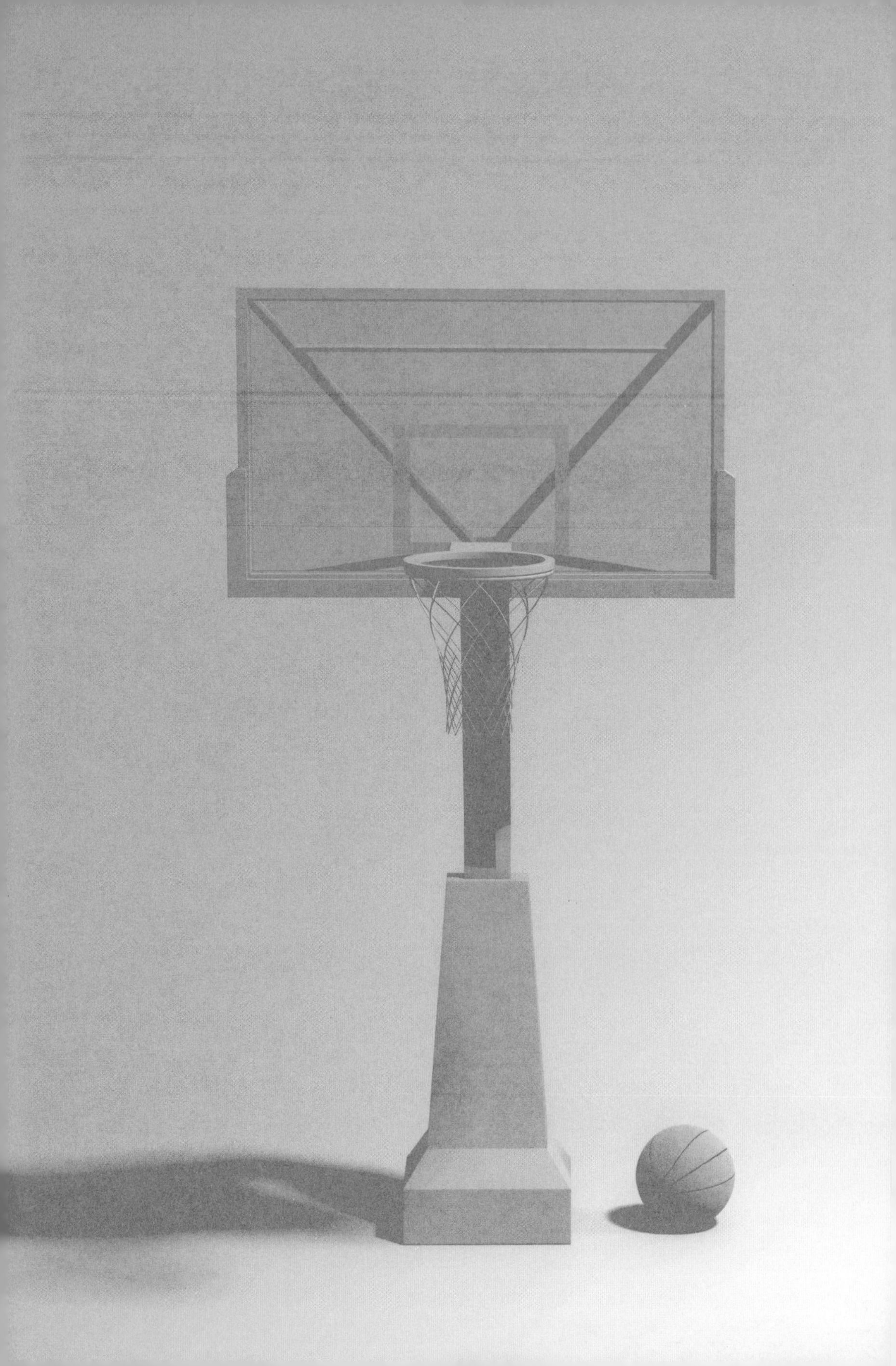

第一部分
篮球：陪伴孩子成长的游戏

1. 关于篮球的故事：詹姆斯·奈史密斯的伟大发明

2. 篮球运动的本质是游戏

3. 打篮球，对孩子来说意味着什么？

第一部分 篮球：陪伴孩子成长的游戏

一看到"游戏"两个字，首先你想到的可能是《王者荣耀》《英雄联盟》《我的世界》等网络游戏。确实，这些游戏陪伴着我们的孩子成长了很久，他们在虚拟的世界里扮演不同的角色，体验不同的乐趣，忘却了现实生活中的各种不快乐。为什么网络游戏会让孩子上瘾呢？表面上看，孩子沉迷游戏是自甘堕落、不自律，而细究原因，其实是没有比手机更有意思的事情可做，缺少亲朋好友或者小伙伴的陪伴而感到孤独，为了逃避现实而沉迷于虚拟世界……

一百多年前，我们的世界还没有这么发达，还没有诞生网络，英国工业革命带来的巨大生产力让人们得到了更多闲暇时间，体育娱乐活动应运而生。最初，体育运动是为了改善年轻人的身体状态以便更好地准备战斗，但它很快被纯粹的、毫无功利性的娱乐活动所替代，马球、足球、网球……，这些项目难以置信地受到很多人的欢迎。部分开明的英国公立学校人士主张将这些体育游戏引入学校教育，目的不单单是将学生培养成为未来的士兵，更重要的是要将学生塑造成能在今后投身英帝国工业革命并巩固本国经济霸权地位的可用之材。

篮球运动也是在那个时代被发明的，是作为一项供学生在冬季体育课上尽情释放荷尔蒙的体育"游戏"。篮球运动被发明后很快通过传教士向全世界传播，1895年传入中国，天津青年会于1896年1月11日举行了我国第一次正式篮球比赛，从此很多人的青春都有了篮球的印记。

贺龙元帅在抗日战争时期建立了"战斗篮球队"，深受战士和群众的喜爱，朱德总司令还曾赠给"战斗篮球队"一面写有"球场健儿，沙场勇士"的锦旗。在战斗岁月中，篮球运动及比赛不仅增强了战士的体质、丰富了部队的业余生活，而且还起到了提振士气、鼓舞斗志、团结友军的作用。我国著名的运动生理学教授卢鼎厚曾是一名篮球运动员，曾组建"未名"篮球队，之后球队成为威震华北的一支劲旅。1952年，他作为中国男篮队员出征赫尔辛基奥运会，成为中华人民共和国成立后第一次参加奥运会的运动员之一。钟南山院士从小酷爱体育，妻子李少芬曾是中国女篮国家队队长，结婚之后，酷爱篮球的钟南山经常与医院同事打比赛，而妻子便担任比赛的裁判。

篮球运动发展一百多年来，已经成为一项世界性运动，它陪伴很多人度过了人生的重要时期，塑造了一个又一个德智体美劳全面发展的成功人物。如果你的孩子还沉迷于电脑游戏、沉溺在网络世界里，不妨带他到篮球场，给他讲一讲篮球的故事，让他用小手摸一摸橙色的篮球。

1. 关于篮球的故事：詹姆斯·奈史密斯的伟大发明
寒冷的冬天学生们需要室内游戏

美国马萨诸塞州斯普林菲尔德市的基督教青年会训练学校（今春田学院，Spring Field College），是一个专门培养青年体育教师的学校，学生们都年轻气盛。夏天有很多的户外运动可以消耗他们的精力，但冬天室外太冷，室内没什么有趣的活动，学生们很无聊，这个班换了一个又一个的老师，都不能改变出勤率低的情况。怎么办呢？

学校负责人古利克博士意识到有必要创制一种新的室内活动，要求是"好玩、易学、易在冬季人工照明条件下玩"，很多老师都进行了尝试，没有成功，最终这个任务落到了詹姆斯·奈史密斯博士的头上。

极具创新精神的詹姆斯·奈史密斯博士

詹姆斯·奈史密斯博士出生于加拿大的一个小镇，他与小伙伴们不干家务活时，会去爬铁匠铺后的枫树，进行跳跃、摔跤和拔河比赛，到河里游泳，捞梭子鱼、捕鹧鸪、捉野兔。天冷河流结冰的时候，小伙子们就去滑冰。奈史密斯是孤儿（父母在他8岁时去世），他跟着叔叔生活，由于没有装备，每到这时候就只能看着小伙伴们滑冰。一天晚上，他又回到冰场，这次他带着用两把旧锉刀固定在山胡桃木板上做成的自制滑板。詹姆斯·奈史密斯自小就展现出了创新意识。

思来想去当年的那些游戏，他尝试了几个不同的新运动项目思路——把某种户外运动搬进室内进行：试用过橄榄球，但橄榄球猛烈的旋转和变向使其难以在体育馆内坚硬的场地上进行；随后他把足球搬进室内，但是又有不少队员受伤和许多窗户玻璃被损坏；在室内进行长把曲棍球运动的尝试也失败了，因为场地限制，学生经常搅在一起用球棍互相打击。此外，他还尝试了很多其他的游戏，最终都失败了。

篮球运动诞生了

奈史密斯意识到，要把某一种成熟的运动项目照搬进室内，很难收到理想的效果，只有吸收各项目的一些特点，才会创造出一种受学生欢迎的新项目。他开始从不同的方向去思考运动项目，更带有哲学的意味，心想："以前每次都是琢磨一项运动项目怎么改良，结果没能成功。这次，要从整体上考虑各种运动项目。"

他分析当时的各项体育活动时发现：已有的项目大都使用球进行活动，而活动时，动作的难易程度与所用的球的大小似乎成反比，即用小球的时候，需要用球棒、球杖、球拍等器具间接地控制球；相反，使用较大的球，可以不需要棒、杖、拍之类的间接物来控制球，而要用脚、手控制球，才便于做出各种动作。

> · 在琢磨新运动项目的形式时，他对自己所熟悉运动项目的各种元素进行了改编。然后，他认定新运动项目应当使用大而轻的球，也就是"球很容易操控，但又没法被隐藏"。
> · 在所有他知道的项目中，美式橄榄球是最有意思的，但是"必须禁止粗野动作的发生"，那么怎么来阻止暴力呢？不允许持球跑！
> · 在任何处于好球状态的时刻，不限制任何一方的球员取得球，也就是说可以抢球，有竞争。
> · 双方使用同一区域，但不应有身体接触。篮球是同场竞技项目，但是可以看出最初奈史密斯是不提倡对抗的。
> · 球门应平放在高处。他发现如果采用跟足球一样的那种立式球门，会诱导大力直接攻门，不符合"限制队员粗野动作发生"的原则。

有了初步的设计后，詹姆斯·奈史密斯先生找来了两只桃篮，分别钉在健身房内看台的栏杆上，桃篮上沿距离地面的高度为10英尺（3.05米），用足球作为比赛用球，将全队分成两组进行比赛，向篮内投掷，投球入篮得1分，按得分多少决定胜负。在体育课经过几次试验后，1891年的圣诞节之夜，詹姆斯·奈史密斯博士将培训班的18名学生分成两队，用足球作为比赛用球进行表演比赛，并把游戏介绍给观众。

从此，篮球运动诞生了。篮球运动发展至今很多规则都进行了修改，但是它的初衷从来都没有改变——强身健体，但不粗野暴力，讲究技巧，好玩、易学，四季皆宜。

2. 篮球运动的本质是游戏

美国作家劳伦斯·科恩在《游戏力》一书中写道："游戏是生命的主要元素。"为什么孩子大笑声越来越少了？这个困惑很多家长的问题得到了解答：大人和孩子一起游戏的时间越来越少了。我们的生活节奏越来越快，陪孩子的时间越来越少，我们怎样才能让孩子快乐地成长呢？让孩子爱上篮球，也许是一个不错的选择。

前几年网络上有个老爷爷在球场上自己打篮球玩得不亦乐乎的小视频火了很久，老爷爷技术高超，惹得很多年轻人都羡慕不已。确实，玩篮球的门槛很低，只要有个篮球就可以玩起来，有个篮筐当然更好，没条件的可以在水泥地上玩，可以在没人的马路上玩，有条件的可以到露天球场玩，到大体育馆里玩。无论技术好坏、年龄大小、经验多少，只要走到一起就能够组队打着玩，甚至男女也可以混着组队玩。另外，可以一个人自己耍着玩，可以2个人1对1斗牛，可以半场2打2、3打3，也可以全场4打4、5打5……我在带小朋友玩篮球的时候，甚至安排过半场6打6或者5打4，无论怎么安排大家都可以玩得很开心。

篮球运动本质上讲就是一个游戏，任何游戏都会有规则。由于篮球运动的快速传播，人们想要在一起玩，就得统一规则，1932年，FIBA（国际篮球联合会）在瑞士成立，统一制定规则，统一组织全球赛事。美国是篮球运动发展最好的国家之一，至今美国男女篮在世界上都占据着统治地位。尽管近年来美国男篮受到了一定的冲击，但NBA（美国职业篮球联赛）还是没有任何一个联赛可以与之媲美，它的几个经典宣传语"I love this game（我爱这个运动）""This is why we play（这就是我们打篮球的原因）"等，都特别激励人心。在FIBA统一规则的基础上，很多联赛也有一些自己特殊的规定，比如NBA有防守3秒的规则，CBA（中国男子篮球职业联赛）有外援上场次数限制的规定，NCAA的进攻时间是30秒，但这些细小的差别都不会影响大家在打篮球、看篮球的过程中感受篮球这个"游戏"的魅力。

孩子学篮球的宗旨：获得乐趣

篮球运动最初是作为一项好玩、易学的活动被发明的，相比于单调的军事体操更有乐趣，能够让青年学生们跑起来、释放荷尔蒙。在孩子小一点的时候就把篮球介绍给他们，这样容易让他们更快地爱上这个游戏。孩子们能坚持运动的最重要的原因是在运动中获得快乐，享受团队活动带来的乐趣，这也是对他们参与活动行为的最高奖赏。

乐趣有不同的含义，对少数孩子而言，获胜是获得乐趣的唯一途径，而对另一些孩子来说，表现得很棒、增强体质、学会了一项新技能、成为团队的一部分等才是最重要的。由旺克尔和塞夫顿（1989）主持的一项研究对7～15岁的青少年进行了关于运动乐趣的测试，涉及年龄、性别、赛前和赛后情绪、动机、心境状态、个体对运动表现的期望、对团队成绩的信心、个体的具体表现等多个变量。研究表明，在青少年运动员的观念中，乐趣是一个多维的概念，获得乐趣始终是他们参与运动的一个重要原因。

篮球的比赛节奏能够让人感受到快乐，孩子们在场上不断地进行攻守转换，谁都有机会投篮得分，并且能够在记分牌上立即看到自己的表现成果，更是增添了乐趣。比赛中处处体现的竞争性也让孩子们兴奋，当和自己水平差不多的孩子在一起打球时，孩子心中莫名地就会升起求胜欲望，总是希望能比别人强一点，尽管有时候会以失败告终，但在比赛过程中一次次巧妙的过人尝试、一次次不同方式的传球、一次次篮板球的抢获，总是有能让孩子体验成功喜悦的机会。

我们希望每个孩子都能找到一项他们喜欢的运动，每天能做一些体育锻炼，并从中获得快乐，对你的孩子来说，这项运动可能就是篮球！

你知道"迷你篮球（Mini Basketball）"吗？

当前会有一个问题困扰家长、教练和一些培训机构，小孩子打篮球到底应该是娱乐健身呢，还是更偏向竞技运动呢？以前我们国家采用体校—专业队—国家队这样的三级训练体系来培养优秀运动员为国争光。记得当年我被杭州市体校教练选去打篮球的时候，爸爸妈妈的愿望是有一天我能进八一女篮（2020年由于军队改革，八一男女篮解散），因为在那个年代，八一队就是国家队的象征。那时候，一旦你参与运动训练，就意味着你进入了竞技体育行列，一切只为赢，否则就被淘汰。随着社会的发展，人们对体育的认识有了很大的改变，意识到终身体育对每个人的重要性，也发现运动习惯从娃娃抓起的必要性。

有史料记载，1948年时就有一个美国的体育老师把篮筐调低一点，拿轻一点的球让孩子来玩。直到1967年，迷你篮球得到了英国人威廉·琼斯（FIBA的创始人之一）的关注。一年后，FIBA便成立了迷你篮球委员会，旨在让5~12岁的孩子通过玩篮球获得快乐，爱上篮球运动。初期没有严格的场地要求和篮筐高度要求，基本上和成人篮球规则一样。

真正让迷你篮球走向世界的是西班牙人，他们在考察美国篮球后迷上了迷你篮球，并迅速在西班牙甚至欧洲推广开来。1970年，在FIBA的指导下，西班牙的阿尔梅里亚举行了第一届国际"迷你篮球"比赛，从而引爆了欧洲青少年参与篮球运动的热情。此时，比赛有了一些具体的规定，比如场地为14米×18米（成人球场为25米×28米），比赛时间为40分钟，上、下半场各20分钟，每个球员都必须有上场参加比赛的时间等。规则修改的目的是根据孩子的身心特点，提升孩子的参与度，让每一个参与篮球运动的孩子都能得到锻炼，都能获得快乐。

作为篮球运动开展最早的国家之一，我国在20世纪60年代就已开始尝试"迷你篮球"的推广，并将其中国化为"小篮球"。不过令人遗憾的是，随着1979年10月国际奥委会通过"名古屋决议"，恢复中华人民共和国在国际奥委会的合法席位，中国重返奥运大家庭，国家开始把有限的资源几乎全部都投入到奥运竞技项目中，尤其是有望奥运夺金的项目。不少省市的成年篮球队被裁撤，在这样的大环境下，面向12岁以下儿童的小篮球运动自然不受重视。

近年来，在中国篮球协会的推动下，小篮球运动在中国越来越受到重视，参与人数也有了突破。2021年12月《中国篮球运动发展报告》公布，我国已经有1.25亿篮球一般人口，其中青少年占13.9%。为了让12岁以下的孩子更好地接触篮球、喜爱篮球，中国篮球协会在大量调研以及综合国际篮联"迷你篮球"的基础上，推出了"小篮球计划"，即用更小的球场、更矮的篮筐、更小的篮球、更简易的规则，降低篮球项目的门槛，让更多孩子走进篮球场，学会团队协作，获得领导力，掌握沟通的技巧，完成体育、教育共同的育人功能。

小篮球为孩子提供了一种舒适的方式来发现篮球，并使篮球更容易成为孩子的一种爱好。男孩和女孩可以一起打篮球，这也许是他们人生中接触到的第一项体育运动，会成为他们共同的快乐源泉，并能激励他们走向快乐的运动生活。有的家长会觉得，孩子没有打篮球的天赋，也不可能打到高水平，还是不要去打篮球了。那是因为家长还不了解小篮球，不知道它能给孩子带来哪些益处。

篮球运动是一项由很多简单的运动技能，有机融合到一起的复杂体育游戏，它能够在孩子的成长过程中发挥巨大的作用：

- 促进骨骼生长，提高孩子的身体机能，使孩子拥有健康的身体。
- 增强速度、力量、耐力等身体素质，提升孩子的体适能。
- 促进运动技能的全方位发展，为终身体育打好基础。
- 提高协调力和专注力，满足孩子成长的需求。

中国篮球协会主席姚明曾说过："'小篮球'会给大家带来一种不同的体验，这不仅仅是一种乐趣，不仅仅是一种游戏，更重要的是让年轻人可以从集体球类比赛中去体验团队的合作、个人的努力、挫折的成长等人格培养。"正如姚明所说，从小打篮球除了能够激发孩子身体的各项潜能，还能健全他们的人格。

- 孩子通过学习简单的技术动作，体验"我能"的成功喜悦，建立自信、强大的内心。
- 在球场上跌倒了爬起来，输了重头来，一次次磨砺，收获坚毅的品格。
- 和小伙伴一起玩游戏、打比赛，在彼此的"监督"下培养规则意识。
- 在团队中互相沟通、互相激励，赢了一起狂、输了一起扛，培养团队合作精神……

除了激发孩子的身体潜能，培养孩子健全的人格，在玩篮球的过程中还有很多其他优点：

- 社交技巧的获得。
- 培养体育习惯。
- 懂得尊重，尊重规则、尊重裁判、尊重对手。
- 学会竭尽全力，遵守承诺。

2017年11月20日，中国篮球协会主题为"小篮球，大梦想"的新闻发布会在北京张家镇中心小学举行，自此中国也有了规范的小篮球联赛。

这也让我想起国际篮联中国部主任周强在2017年的一次采访中说的

一个小故事，是他的中学同学通过微信转发了一个孩子妈妈的困惑——"儿子现在6岁7个月，正式进行篮球训练已经一年多，感觉孩子有那么点悟性。孩子现在每天用在篮球上的时间是两个多小时，还经常去北京五棵松看篮球比赛。"同学还把孩子打球的视频发给了他，问他走哪条路比较合适？国内有没有好的专业机构？有没有机会在CBA比赛中做一些暖场表演？

他说当时不确定可以给孩子妈妈一个完美的答案，这需要整个行业链条中的多个环节来给出答案，但是周强觉得用这个例子可以回答很多中国家长的问题——"我对篮球在中国的前景，非常看好。"

3.打篮球，对孩子来说意味着什么？

"万般皆下品，唯有读书高。" 古时候人们通过读书追寻仕途，那既是时代潮流，又是时代局限，毕竟在那个时候，可能很少有能极大体现人生价值的其他行业了。现代社会的多元化让我们有了更多的选择，不同的人在不同的领域都有成功的机会。

"小篮球，大梦想"是小篮球项目推广所秉承的理念。对此，中国篮球协会主席姚明有着自己的理解："首先要让孩子获得健康，塑造出一种积极向上的品格。其次，为国家队输送人才，为现代社会培养有素质的公民。"

打篮球，改变命运

我常常跟朋友说，篮球这个项目真的太神奇了，40分钟的比赛刚刚好，开局好的最后不一定能赢，开局不好的也有机会可以反败为胜，少几分钟也许就没有了逆转绝杀，多几分钟也许就显得比赛拖沓。人生也是一样，成长的道路上有很多的选择，起起伏伏，不到锣响，一切皆有可能。

小枫是我的硕士研究生，个子不高，但是在球场上能突能投，形象显得很高大。我问他什么时候开始打篮球的，为什么选择篮球？下面是他的故事：

> 小枫曾经是一个特别自卑和内向的小男孩，跟外面世界脱轨的他，只喜欢沉浸在那虚拟的网络世界里，"穿越火线"的枪声确实太过吸引人，以至于语文课上他都在联想虚拟的战场。学习自然是一落千丈，老师找家长谈话，父亲大发雷霆，二话不说就把电脑砸了。
>
> 小枫离开了网络世界，发现自己什么也不行，学习、运动、人际交往等对他来说比玩《穿越火线》难多了。一天语文课，班主任放了一个关于篮球的视频，那年林书豪席卷全球，一次次突破、快攻、干拔三分、严防下的抢断，这些对小枫来说仿佛是美丽新世界。原来篮球是如此的美妙！正好也验证了"生活不是缺少美，而是缺少发现美的眼睛"这句话。
>
> 视频中各种得分、扣篮、三分的画面在小枫脑海里不断循环播放，他内心只有五个字："我要打篮球！"
>
> 在父亲的支持下，小枫开始学习打篮球。篮球就像有魔力一般吸引着小枫，每天下课压着点向球场狂奔，和小朋友们一起打篮球，一起赢、一起输、一起玩耍。几个月后，原来腼腆的小枫变得开朗起来，之前跟女生讲话都会脸红的他，现在居然总是成为谈话中心，上课也会主动举手回答老师的问题，班里的同学都大吃一惊。"小枫自从打球之后就像变了个人似的……""之前他都不怎么说话的……"同学们都议论纷纷。
>
> 自从爱上了打篮球，小枫打破了内心的枷锁，摆脱了那虚拟的网络世界，找到了属于自己的组织，变得活泼、开朗、乐观，学习成绩也越来越好。

> 2022年他成功地考上了北京体育大学中国篮球运动学院,成为一名体育教育学篮球方向的硕士研究生。

篮球场上帅气的小枫,回忆起自己打球的经历,言语间仿佛都透露出自己的庆幸。打篮球让小枫有了更健康的体魄和更快乐的生活,劳逸结合、融入团队的他学习上也有了更明确的目标,父母也不再担心他的成长了。他说要不是篮球,大学也许对他来说都是个梦,更别说是硕士研究生了。现在他能进入自己梦寐以求的大学,还能继续打球,不知是何等的幸福!

我还有一个研究生,2018级的刘毅,2020年参加CBA选秀大会被山东男篮选中,成为一名职业篮球球员。他从小就喜欢打篮球,上大学的时候才140斤,屡次被校男篮代表队拒之门外,但他不服输,坚持训练,最终代表北体大男篮在CUBA(中国大学生篮球联赛,现CUBAL)中凭借实力脱颖而出,通过选秀开启了自己的职业篮球生涯。

当然也包括我自己,篮球改变了我们的命运。

打篮球,遇见更好的自己

不是每一个人都会通过打篮球而改变命运,但是打篮球一定能让孩子结交朋友,成为有大局观、责任心的人,从而遇见更好的自己。

有人在网上发了一个帖子:篮球带给你什么?下面的回帖让人动容:

> 有你累了会分你半瓶水,或者毫不犹豫地拿过你手里的半瓶水灌下去的朋友;有你崴了脚会跑出去给你买冰棍儿冰上,骑着小破自行车一路嘲笑你,一路把你送回家的弟兄;有难过了陪着你打球打到大半夜也不会多问一句的哥们儿……

曾几何时我们也有这样的朋友,如今在钢筋水泥包围的城市中,足不出户的我们连邻居是男是女都不一定搞得清楚。让孩子去篮球场，小小的篮球可以为他们搭建桥梁，结交几个兴趣相投的好友，分享喜悦，分担痛苦，人生路上相知相伴。

> 一个人在健身房挥汗如雨，只为了下次不再那么轻易地被对手撞倒；一个人半夜里借着隔壁的灯光练运球，只为了不再成为团队的累赘。

在团队中成长的孩子，更容易感受到彼此的重要性，能有效地激发孩子的学习动力。他们也更容易看到自己的不足，在团队荣誉感的促使下他们会更严格要求自己、精益求精，更有大局观和责任心。

> 一步一个脚印，你必须每天如此。今天很棒，明天接着再来，锲而不舍，这是个日常过程。
>
> ——科比·布莱恩特

现代社会的多元化，对于什么是成功没有一个统一的标准。当孩子长大了，他需要在复杂的社会中找到自己的人生目标，他能向着这个目标出发、坚持下去吗？经历过篮球场上的历练，懂得什么是坚持，什么是永不放弃，跌倒再爬起来，见过雨后彩虹的他一定能！每一次篮球训练都想投得更准、运得更快、传得更稳，每一次练习都让孩子遇见更好的自己。就像科比·布莱恩特所说的一样："一步一个脚印，你必须每天如此。"

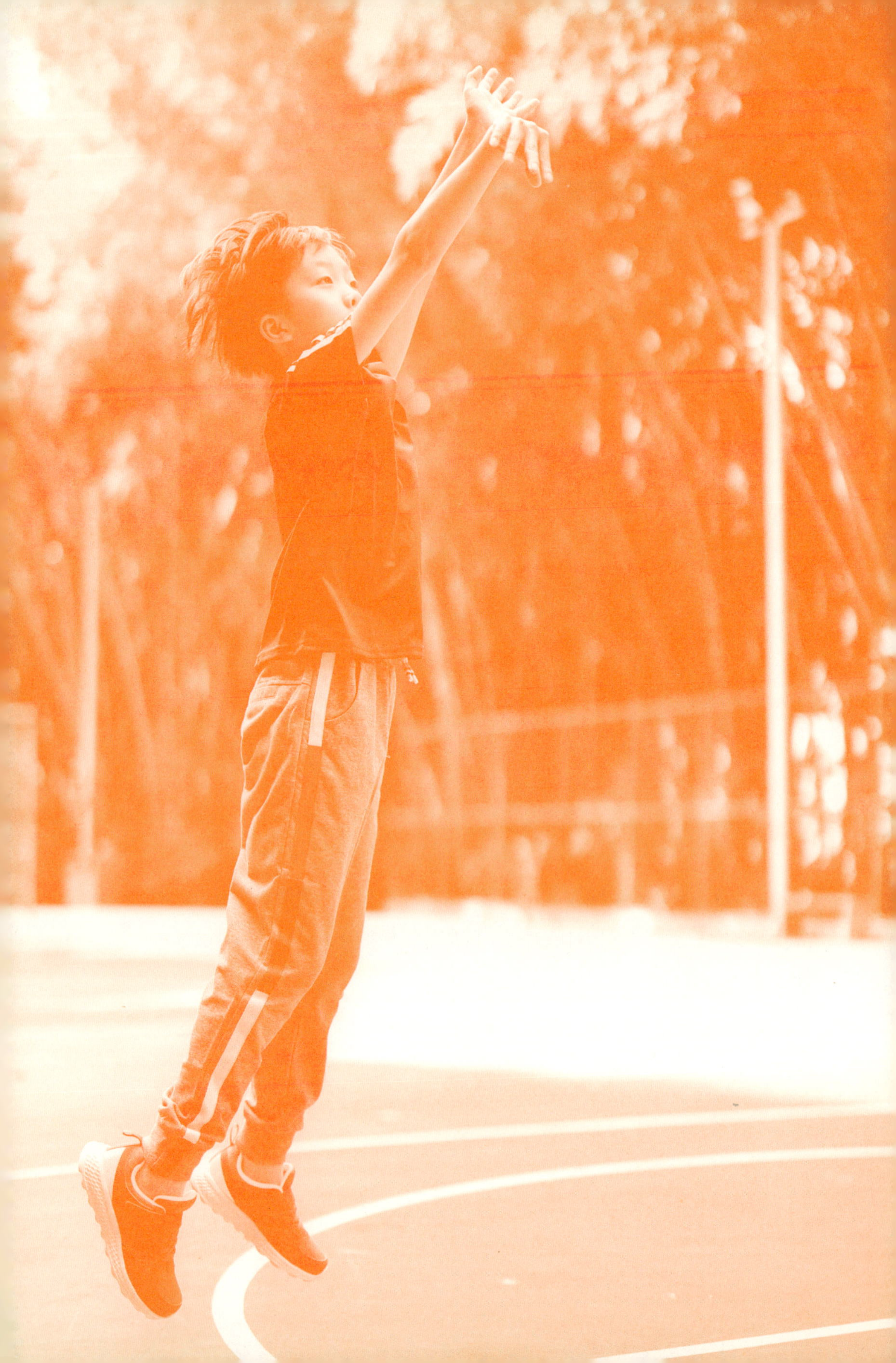

第二部分
激发孩子的身体潜能

1. 更健康的身体
2. 更强的体能和运动技能
3. 更好的运动协调能力和专注力

儿童青少年时期应该是人一生中最重要的时期，现在身为成年人的我们，是否也能体会到儿童时养成的各种习惯在潜移默化中不断影响着我们的生活。再看看我们的孩子现在都在做什么？都养成了什么习惯呢？

2020年，国家对115万余在校学生体质健康调查的数据显示，全国学生体质健康"不及格率"基本呈下降趋势，但视力、肥胖相关数据却在不断上升。其中，2020年我国大学生肥胖率为5.5%，而中小学则超过了10%。2020年9至12月国家开展近视专项调查，覆盖全国8604所学校，共筛查247.7万名学生，结果显示：2020年，我国儿童青少年总体近视率为52.7%，较2019年上升2.5个百分点；其中6岁儿童为14.3%，小学生为35.6%，初中生为71.1%，高中生为80.5%。

儿童青少年的体质健康水平影响着国家的未来，很多孩子没有养成锻炼的习惯，造成体质健康水平下滑，这也引起了社会各界的关注和重视。篮球运动作为一项能够促进儿童青少年身体全面发展的体育运动很早就被引入校园，但是在实施过程中也遇到很多困难。学校篮球专任教师不足、教学内容及方法的局限、课堂中篮球运动的时间总是被挤压等，影响了孩子们"玩篮球"的质量。

2021年，在"双减"政策后，国家不断释放"重视体育"的强烈信号，甚至定下"硬指标"，确保学生在校时间段实现"每天锻炼一小时"，对节省出来的课余时间，要引导学生"开展适宜的体育锻炼"。同样，家长也应在孩子各项身体素质敏感期进行科学引导，促进孩子积极锻炼，激发身体潜能。

在国家政策的引导下，家庭、学校、社会共同努力，让孩子们从小参与体育锻炼，养成良好的运动习惯，提高我国儿童青少年的体质健康水平，从而提升整体国民素质。

1. 更健康的身体

健康的身体、充沛的精力、饱满的激情，是拥抱生活、成就幸福人生的基石。我们的孩子要成就最好的自我，必须从拥有健康的身体开始。运动可以促进生长激素分泌，有利于肌肉和骨骼的发育，同时运动会促进机体的新陈代谢，增进食欲，缓解压力，有利于身体各方面的生长发育。

如果你刚开始了解篮球，也许你还不知道篮球是一项多么有趣、多么能激励人、多么富含创新精神的体育运动。在学习打篮球的过程中，基本的一些元素就可以让孩子们获得乐趣，例如在球场上跑、跳，简单的运球、传球、投篮等。在比赛中会需要一系列的技术组合和磨炼，需要速度、耐力、敏捷性、力量等综合能力。可以肯定地说，如果你的孩子在一个比较小的年龄就参与了篮球活动，那么他身体素质的提高会是显而易见的。

打篮球，真的能长高吗？

如果孩子在8岁左右还没长到父母预期的高度时，很多家长就开始着急，尤其是男孩的家长。他们会跑来问我："打篮球真的能让孩子长高吗？我们是不是该让孩子打篮球了？"说实话，父母身高1.65米左右，希望儿子身高 1.90 米，不是没有可能，但是可能性不大，因为人的身高很大程度上是由遗传决定的。但是打篮球能促进孩子的生长发育，从而促进长个儿，这点是肯定的。有实验对 7~12 岁孩子进行 20 周篮球训练干预，每周练 2 次，干预后实验组男女少年儿童的身高均值较实验前分别增长了 1.20 厘米和 1.03 厘米，相比对照组多了 1.13 厘米和 1.01 厘米。

篮球界确实也有父母身高不高，而在坚持篮球训练后长高的球员。比如我，我的父母身高都不到 1.70 米，但是我却长到了 1.80 米。也许篮球训练不是促进我们长高的唯一因素，但一定是我们长高的"秘诀"之一。

人的生长发育是有规律的，不同时期生长速度不同：一般足月出生时身长 50 厘米左右，出生后第一年增长大约 25 厘米，第二年增长大约 10 厘米，这是孩子生长发育最为快速的一个阶段，受生长激素影响不大，而与营养及消化吸收有着重要的关系。第三年至青春期开始前每年平均生长 5~7 厘米，在这个时期，身高增长主要由生长激素调控，营养均衡、睡眠充足及科学运动在这个时期尤为重要，特别是跳跃、牵拉等动作的刺激。孩子到青春期身高会出现突飞猛进的增长，每年增长 7~8 厘米，有些人甚至更多，能够达到 10~12 厘米。这个时期，除了生长激素对身高增长起着主导作用，性激素也会促进孩子的生长，同时性激素还会促进性早熟和骨骺闭合。当骨骺完全闭合，孩子身高就会停止增长。

虽然人的身高约 60% 由遗传决定，但运动对长身高的益处也是客观存在的。例如，跳跃运动可通过反作用力和肌肉收缩刺激骨的生长，促进生长发育；有氧运动可间接促使血液循环加快和睡眠质量提高，以加速生长激素分泌。

茁壮成长的骨头

由于项目特点，在篮球比赛和训练中，每名球员都会做抢断球、跳投、抢篮板球等各种跳跃动作。做跳跃动作时肌肉的收缩可以刺激骨膜，从而刺激成骨细胞生长，使骨发育得更好，有利于长身高。

在骨生长的过程中，活跃的成骨细胞将会迁移至应力水平较高的部位，分泌和矿化骨基质从而形成新骨，使得该区域的骨量增长。骨生长和骨吸收同时存在，形成动态的平衡。当应力水平较高时，成骨细胞较破骨细胞活跃，因而使骨的总量增长，应力水平较低时则相反。适度的运动可以促进骨密度的增长，减少骨折的风险，但运动过度反而会导致骨微损伤，造成应力性骨折。

> 琪琪上小学的时候，有一天早上我给她穿袜子，手按到跟腱的地方她会喊疼，开始我也有点担心，但是仔细分析一下她的日常，除了正常的跑步和打篮球，没有过突然间牵拉撕扯的情况，应该问题不大。四五年级的时候，她总说小腿胫骨前侧疼，摸上去甚至有点发热，我们也有点担心，怕她跳多了，产生疲劳性骨折，所以在练习中适当给她减少一点跳跃的练习。这样的情况持续了两年多，也正是在这期间，她的身高窜了将近30厘米。正所谓长高就先要长骨，而骨骼发育往往会伴随一些不舒服的感觉，尤其是晚上10点以后，孩子体内生长激素极速分泌，这可能会让孩子吃不消，从而发生抽筋等问题。作为家长，不要过度担心，要给予充分的关注，保证孩子健康成长。

不同运动形式、运动强度、运动内容、运动周期、运动时长与运动频率相结合，可促进青少年身高增长，如跑步、游泳、走路、跳绳等轮流进行，可以使每块肌肉都参与到运动当中。跑步运动主要锻炼腿部肌群，游泳更注重核心和上肢肌群，这些周期性运动锻炼的肌群有限，并且运动内容较为单一，孩子想要坚持不容易。而篮球运动的技术比较复杂，并且是非周期性运动，运动中调动的肌群较多，训练负荷和强度多为间歇性，并且内容丰富多样，有利于激发孩子的兴趣。比如在攻守过程中上下肢、核心肌群都会参与调动，比赛或训练中攻防的转换、有球无球的转换，使得运动强度、技术内容等都会有间歇性的刺激和变化，更有利于骨的生长，从而促进身高增长。

均衡的营养

儿童青少年时期，身体可塑性大，篮球运动可使孩子胃肠蠕动增加，胃肠消化能力增强，食欲增加，营养吸收完全，并加速身体新陈代谢，使孩子发育得更好。琪琪训练完回家，经常一进门就喊："饿死我了，我要吃饭！"

我的家庭和很多北京家庭一样，老人帮忙带孩子。我爸妈从我怀孕开始一直到琪琪9岁才回老家。看见小区里好多老人恨不得拿着饭碗追着"小祖宗"们喂饭时，我爸妈总说："没必要，让孩子跑去，玩累了回来，饿了什么都吃。"琪琪就是这么"散养"出来的孩子，她要是说不饿，家里没人会逼着她吃。

我们现在的条件不是没得吃，也不是怕营养不够，就怕孩子吃不下。人是铁，饭是钢，首先得让孩子吃得下饭，唯一的办法就是去消耗他们的能量。在吃得下饭的基础上，再来讨论均衡的营养。

2021年美国学者对高中篮球运动员的研究显示，在赛季中球员的能量消耗为3500～4600千卡/天。每天的能量摄入对于球员的运动表现至关重要，正确的食物选择不但为机体提供热量，也是肌肉补充能量必不可少的物质。

篮球运动员的饮食应该富含碳水化合物和低脂肪，大多数水果、牛奶、蔬菜和全谷物等食物都富含碳水化合物。说到蛋白质，如豆类、家禽、瘦肉或海鲜等都可以满足孩子的基本蛋白质需求。对于心脏来说，植物脂肪更健康一些，如鳄梨、种子、坚果和橄榄油等，而动物脂肪也应适当摄入，二者适量进食，既可以调节不同的口感，也可以达到营养丰富且均衡的目的。此外，维生素和矿物质也是必要的。孩子从小就按照篮球运动员的饮食特点来进行，至少"小胖墩"的可能性会小一些。

以下是日常生活中的一点营养补充小建议：

- 每 4～5 小时就要进食，避免让肠胃饿得太久。
- 每顿饭都要加些蔬菜、水果和瘦肉。
- 每天都要吃早餐。
- 选择加工较少、纤维含量较高的碳水化合物。

我国学者对 270 名 14 岁中学生进行了对比实验研究，其中一部分为少年篮球运动员，另一部分为普通学生。实验结果提示，篮球运动对人体的身体成分有良好的改善作用，能够降低身体中的脂肪含量，提高身体中蛋白质、水分、无机盐和去脂体重的含量。合理、均衡的饮食摄入加上科学的篮球训练，一定能让孩子有健康的身体。

对了，可别忘记给孩子喝水！

充足的睡眠

2019 年底新冠疫情爆发，开展不了聚集性活动，很多篮球培训班都停了，好多家长都说："赶紧开班吧！熊孩子精力旺盛，半夜三更都不睡觉，愁死人了！"你在商场或者公园看到孩子，他们总是到处跑呀，跳呀，笑呀，生龙活虎的。为什么他们有这么多精力？如果我们注意观察孩子们的呼吸，会发现他们的整个身体都会动，肩膀、腹部都会随着呼吸自由活动。简单来说，他们的呼吸更充分，能够获得更多的氧气，在更微妙的层面上，可以说孩子们的呼吸系统几乎没有一点阻碍，他们的呼吸十分充分和完整。他们的能量可以到达身体任何一个需要能量的部位，如果这些能量不被消耗完，你猜怎么着？肯定不能睡觉啊！

不要说孩子了，我也是个精力旺盛的主，每天晚上不到12点基本不会睡，大学的时候，晚上12点以后才是我正经学习、背单词的时间。但是现在只要下午跟同事们打会儿球回来，晚上吃完饭，不到9点肯定乖乖上床准备睡觉了。

孩子睡眠不足有很多危害。睡觉时身体各项机能处于休息状态，能使孩子身体恢复到最佳状态。如果睡眠不足，身体各项机能则无法及时恢复至正常。深度睡眠时，生长激素分泌量会明显增加，如果长时间睡眠不足，会导致生长激素分泌量明显下降，长此以往会影响身高的增长，出现生长发育缓慢的现象，另外还会有注意力不集中、记忆力下降、消化系统紊乱等不良现象产生。

美国摩登家庭网站对不同年龄段孩子需要的睡眠给出了具体的时间（表1）。

表1 你的孩子每天需要多少睡眠时间？

年龄段	睡眠时间
出生2个月	16~18小时（每晚8~9小时，白天间歇小睡累计7~9小时）
2~4个月	14~16小时（每晚9~10小时，白天大约3次小睡累计4~5小时）
4~6个月	14~15小时（每晚10小时，白天2~3次小睡累计4~5小时）
6~12个月	14小时（每晚10~12小时，白天大约2次小睡累计2~4小时）
12~24个月	13~14小时（每晚11~12小时，白天1~2次小睡累计2~3小时）
2~3岁	12~14小时（如果白天小睡，大约1小时）
3~5岁	11~13小时
5~12岁	10~11小时

资深儿童发展治疗师贝基·曼斯菲尔德养育了 4 个孩子，她认为保证孩子充足的睡眠能够让他们更开心，更好地集中注意力，一般孩子都会在固定时间段起床，她根据经验提供了孩子晚上睡眠的时间建议（表 2）。

表 2　孩子理想的睡眠时间建议

年龄	孩子起床的时间						
	6:00	6:15	6:30	6:45	7:00	7:15	7:30
	理想的睡眠时间						
5	18:45	19:00	19:15	19:30	19:45	20:00	20:15
6	19:00	19:15	19:30	19:30	20:00	20:15	20:30
7	19:15	19:15	19:30	20:00	20:15	20:30	20:45
8	19:30	19:30	20:00	20:15	20:30	20:45	21:00
9	19:30	20:00	20:15	20:30	20:45	21:00	21:15
10	20:00	20:15	20:30	20:45	21:00	21:15	21:30
11	20:15	20:30	20:45	21:00	21:15	21:30	21:45
12	20:15	20:30	20:45	21:00	21:15	21:30	21:45

篮球明星长高记

篮球巨星迈克尔·乔丹出生在普通家庭，他的母亲身高 1.68 米，父亲身高 1.73 米。年幼的乔丹并不引人注目，高一时他差点被篮球校队拒之门外。熟悉乔丹经历的球迷都知道，他 16 岁刚进高中篮球校队时，虽然球打得好，但身高仅 1.75 米，当时负责校篮球队的人对乔丹直言："你的身高不够，就算球打得再好，未来也进不了 NBA。"不过乔丹没有放弃，热爱篮球的他仍刻苦坚持篮球训练，一年半后，他的身高达到了 1.98 米。三年后，作为大一新生的乔丹，凭借自己出色的表现带领北卡罗来纳大学在 NCAA 决赛中战胜对手，随后在 NBA 中开启了职业生涯，成为公认的最伟大的篮球运动员之一。在乔丹的自传中，还揭露了另一个长高"秘诀"——悬吊单杠。无论是篮球还是单杠悬吊，乔丹内心长高的欲望都很强烈，运动后体内的内啡肽会升高，在内啡肽的激发下，人的身心处于轻松愉悦的状态中，坚持的情绪会更加积极，而这种积极的心态本身就能促进生长发育。内啡肽还可以让免疫系统实力得以强化，并能帮助人顺利入睡，高质量的睡眠也会促进体内生长激素的分泌，而生长激素分泌多了，自然也就不愁长不高了。

美籍华人篮球明星林书豪的父母身高均不足 1.70 米，林书豪在进入高中时身高只有 1.61 米，在同龄人中属于偏矮的。他从小就喜欢打篮球，身高受限的他非常着急，于是父亲为他定制了长高"计划"：篮球运动、均衡营养、充足的睡眠。打篮球在一定程度上会刺激骨骼的发育，进而促进身高的增长，三年中他的身高飞涨了 30 厘米，达到了 1.91 米。

世界上还有许多篮球运动员有这样后发制人的长高经历，还是那句话，打篮球也许不能让你的孩子突飞猛长，但是能让孩子长高一点是真的！

提高机体供能系统能力

人类运动和汽车一样需要"燃烧燃料"以获得动力，当然，人类的"燃料"是糖类、脂肪和蛋白质。能量的消耗需要氧气，当运动强度比较低时，耗能较小，氧气有时间被输送到身体的各个部位，能够满足运动的需要，这样的运动被称为有氧运动。当进行强度高、耗能大的运动时，氧气还没来得及到达细胞中参与能量消耗，活动就结束了，这样的运动被称为无氧运动。

有氧运动和无氧运动的根本区别在于能量代谢系统不一样，在实际运动中它们是很难独立存在的，只是相对来说有氧代谢占主导或无氧代谢占主导。不同运动项目需要不同代谢过程作为其能量供应的基本保障，但一切运动过程的能量供应，都是由三个能源系统（表3）按不同比例提供，比例的大小取决于运动的性质和特点。

表3 人体三个能源系统的特征

能源系统名称	底物	贮量/ $mmol \cdot kg^{-1}$	可合成ATP量/ $mmol \cdot kg^{-1}$	可供运动时间	供给ATP恢复的物质和代谢产物
磷酸原系统	ATP	24.6	—	6~8秒（或<10秒）	CP
	CP	76.8	100		CP+ADP→ATP+C
糖酵解系统	肌糖原	365	250	2~3分钟	肌糖原→乳酸
氧化系统	肌糖原	365	13000	1.5~2小时	糖+O_2→CO_2+H_2O
	脂肪	48.6	不受限制	不限时间	脂肪→CO_2+H_2O
	蛋白质	—	—	—	蛋白质+O_2→CO_2+H_2O+尿素

科学研究表明，职业篮球运动员在比赛中运动和休息的比例是1∶3.6，也就是每做10秒的持球进攻或高强度防守等无氧运动，大概就会有36秒的时间在场上做无球移动等有氧运动。

磷酸原系统（ATP-CP系统）是无氧功率的物质基础，糖酵解系统则是速度耐力的物质基础，它们共同为短时间、高强度无氧运动提供能量。发展无氧供能能力的训练原则是最大速度或最大练习时间不超过10秒；每次练习的间歇不能短于30秒。这与职业篮球运动员在比赛中的运动和休息时间比例相似，虽然孩子的比赛和职业篮球运动员有一定的区别，但是在长时间的相对时间概念上会趋于一致。比如，每次训练课一般2个小时中会有20~30分钟的比赛时间，孩子对于自己可能抢到球的欲望会让他们做出全力冲刺的跑动，持球一突破，根本刹不住闸，进攻的、防守的都一样，绝对是真跑，几分钟下来他们就气喘吁吁了，而这能够充分调动、锻炼无氧供能能力。

抢球没希望的时候，他们也会在场上做观众。此时的供能系统主要是氧化系统，糖类、脂肪和蛋白质在供氧充分时，可以分解大量能量。较长时间、低强度的有氧运动能够提高心肺功能和发展有氧代谢能力，提高大脑皮质神经过程的均衡性和机能稳定性，改善参与运动的有关中枢间的协调关系，并能提高最大摄氧量，引起慢肌纤维出现选择性肥大，肌红蛋白也有所增加，总之好处多多。

周日早上起床，你要是跟孩子商量说今天咱们到田径场慢跑3圈，再冲刺5个30米，孩子肯定得跟你急。如果你附加说，跑完就奖励你一小时的手机游戏时间，也许孩子会乖乖听你的去跑。为什么不带他去打篮球呢？开开心心地就把有氧、无氧运动全做了。三个供能系统的供能能力决定了运动能力的强弱，从小积极锻炼，能够改善三个供能系统的能力，为终身运动打下良好的基础。

提高循环系统、呼吸系统等机能

专业队训练基本是没有休息日的，之前也没有想象过如果自己独自训练会是什么情况，直到2003年我决定退役报考北京体育大学，才真正体会到了集体训练的好处。那年的"非典"可能很多人都还记忆犹新，原本4月的单招考试一推再推，按计划在3月退役的我没有了集体训练的条件。开始的时候，我以为自己有比较强的意志力，自己练也没问题。原来很轻松的准备活动，比如场地上来回做动态牵拉和脚步，一般需要20～30分钟，可是渐渐发现自己练，做两个来回就累得不行了，间歇时间也掌握不好。回想一下球队的训练，十几个人排成队，每做完一次都会有一定的间歇时间，等着大家做完然后做第二次，有时候也会很累，但是因为轮到自己了，也就出发了，坚持着坚持着，很快也就做完了。最终我还是回到省体校的队伍去蹭场地、蹭队伍进行考前的艰苦训练。

孩子在参加篮球训练时也是这样，做很多练习都会轮流进行，或者分组、分站进行间歇性练习。间歇性训练是一种非常好的训练方法，它往往不等身体机能完全恢复就开始下一次练习，因此对机体能力要求较高，能引起机体结构、机能及生物化学等方面较深刻的变化。从生理学角度来看，间歇训练能够完成更大的工作量，对孩子来说用力较少，但是呼吸、循环系统和物质代谢等功能都能够得到较大的提高。在间歇期间内，运动器官（肌肉）能得到休息，而心血管系统和呼吸系统的活动仍处于较高水平，因此间歇训练能使孩子心血管系统得到明显的锻炼，特别是心脏工作能力及最大摄氧量显著提高。

2. 更强的体能和运动技能

当我们听到"体能训练"这个词的时候，首先想到的是竞技体能（Strength and Condition），然而，体能是一个非常大的概念，不同的人群训练其实有不同的名字，其核心理念都是身体能力的训练，但其目标是有区别的。目前比较统一的认识是：青少年的体能训练往往称为体适能，其目标是健康体能；竞技运动中称为竞技体能，其目标是追求卓越；中老年人更多的是称为运动处方，其目标是体医结合。

目标为健康体能的体适能主要包括身体成分、力量、耐力、速度、平衡、柔韧、灵敏、反应等；目标为追求卓越的竞技体能更注重最大力量、最快速度、最高高度等；目标为体医结合的运动处方则是采用处方的形式规定健身者锻炼的内容和运动量，其特点因人而异，对"症"下药。

体适能在孩子参加篮球运动的过程中体现出鲜明的基础性特征，无论是完成动作技巧还是实现战术配合，都需要有肌肉力量、速度、耐力等素质的保障。运球、投篮、传接球、抢篮板球、持球突破等动作技能都需要各项身体素质的支持，同时通过这些动作技能的反复练习又增强了各项身体素质，要素间互相促进。

体适能综合提升

青少年的身体素质提升是有规律的，由增长阶段到稳定阶段也是有先后区别的，一般顺序为灵敏、柔韧、速度、耐力、力量素质。各项身体素质发展的快速增长阶段叫作身体素质的敏感期，也叫最佳发展期。

在儿童青少年时期，身体素质发展的敏感期一般会有一到两个年龄段，其中第一个敏感时期一般在6～8岁。研究发现，7～8岁的儿童适宜发展灵敏素质、柔韧素质、平衡素质和速度素质，耐力素质和力量素质适宜在10岁后开始。在儿童身体素质发展敏感期进行有针对性、有区别的锻炼，才能更有效地提高身体素质。

灵敏素质

灵敏素质是指人体在各种突然变化的条件下，能够迅速、准确、协调、灵活地完成动作的能力，是人各种运动技能和身体素质在运动中的综合表现。在篮球运动中，球员需要在快速的时空变化下迅速作出对场上情况的准确判断并灵活应变，选择正确合理的运动技能进行反应，这些都是灵敏素质的表现。

大脑皮质神经活动过程的灵活性及综合分析能力，是灵敏素质的重要生理基础，神经反应决定了反应速度的快慢、判断是否准确、随机应变及时作出应答动作的速度。在儿童时期，可通过训练改善和提高各感受器官的功能，以增强灵敏素质。随着孩子们掌握的运动技能越多、越熟练，大脑皮质中暂时神经联系的接通会越迅速、准确，动作也就越灵巧。

孩子们在玩篮球的过程中，要根据教练的指令、队友的呼应、防守的变化等作出判断和选择，需要在跑、跳中做迅速改变方向的各种躲闪、突然起动及快速急停和迅速转身等动作。视觉器官、听觉器官和身体各部分需要协调配合才能作出这些反应，逐渐建立起运动条件反射。灵敏素质与复杂的运动反射速度及准确性密切相关，在篮球运动中，孩子每一次练习都有较强烈的欲望和目标，而不是不动脑筋地盲目重复练习，这样有利于刺激大脑皮质的神经活动。心理素质也是影响灵敏素质的重要因素，紧张和恐惧心理会导致反应迟钝、动作协调性下降，而在一个熟悉、轻松的环境中进行练习，能够唤醒孩子的本能，不遗余力地玩耍更能不断提高孩子的灵敏性。

柔韧素质

柔韧素质是身体健康素质的重要组成部分，它是指身体各关节的活动幅度以及跨过关节的韧带、肌腱、肌肉、皮肤等其他组织的伸展能力。柔韧素质会影响运动中肢体的活动幅度和美感，最大限度地避免运动过程中的损伤。若柔韧素质不足会影响对动作的体验，限制基本动作技能的发展，对协调能力具有潜在的制约。

柔韧素质的发展敏感期较早，在4～9岁。在此阶段，柔韧素质会随着合理的训练得到较快的提高，后期注重柔韧素质的训练，可以减少运动损伤的发生。另外，柔韧素质还要与力量素质相结合来提高。在孩子的篮球练习中，有一个常见的游戏是"毛毛虫"接力赛，孩子分组排成纵列进行比赛，比一比哪条"毛毛虫"移动最快。篮球可以从胯下、身侧、头顶等以不同的方式来传递，有条件的甚至可以躺下来在垫子上用脚夹球进行传递，孩子通过双手或双脚的持球、夹球传递，最大限度地舒展身体，很大程度上锻炼了柔韧素质。

静态的柔韧练习比较枯燥，但也是有必要的，能够更好地、更充分地帮助孩子。在一堂课的热身部分和最后的整理部分一般都会有一些小的牵拉动作练习，因为是集体运动，我们常让一个孩子带领大家一起做，并且让孩子们自己喊节拍，他们会相互影响。你能这么做，我也能！你这么大声喊，我还能比你更大声！

> 对于这点我也是有发言权的，我女儿琪琪各项身体素质都不错，唯独坐位体前屈在小学期间每年的体育测试中都会拖后腿，小学三年级还是负6厘米的状态。每个周末篮球课的最后整理部分我会帮助她拉一拉，开始的时候她特别抵触，因为疼啊！后来我们也跟她说

> 柔韧素质的重要性，慢慢地，她会主动要求我们帮助她。每次跟着大家一起做，家长们都上来帮忙，孩子们个个都哇哇乱叫，她也就没什么不好意思了，一边喊着疼，一边还使劲拉。现在上初二，已经长了7厘米了，十多厘米的进步可不是在一朝一夕间！

速度素质

速度素质是人体快速运动的能力，反映机体运动的加速度和最大速度的能力，包含反应速度、动作速度和移动速度。反应速度主要取决于人的感受器（视觉、听觉）和其他分析器的特征，以及中枢神经系统与神经肌肉间的协调关系。动作速度的快慢，主要取决于中枢神经系统的功能、引起该部位运动肌肉力量的大小，以及技术动作的合理性与否。移动速度主要取决于动作频率，即单位时间内完成的动作周期数和每一个动作周期在特定运动方向上的位移幅度。

有实验历时10年进行连续测量，认为速度素质呈现敏感期提前的特点，并具有性别差异。男生呈双峰型，具有主、次峰互换的特点，敏感期为7～9岁、11～15岁。女生呈单峰型，敏感期为7～11岁。速度素质敏感期内，孩子的短距离运动能力呈快速增长的特点，28米×15米的篮球场内，孩子需要不断地进行短距离的起动、冲刺、变向跑等来比赛和练习。

小孩子的控球能力有限，在运球的过程中，经常球比他跑得快；孩子的传球准确性也有限，队友传来的球经常需要用上吃奶的劲儿去接才不至于让球出界；篮板球近在咫尺，不像箭一样冲刺过去抢就要被对手抢走了……追逐球的乐趣，和队友一起奔跑、和对手一起竞争的激励，内在渴求胜利的欲望能够让他们竭尽全力奔跑，更能激发孩子速度素质的提升。

肌肉力量与耐力

肌肉力量是肌肉紧张或收缩时对抗阻力的能力，又分为绝对力量和相对力量；而肌肉耐力是肌肉在一定负荷下持续做功的能力，即对抗肌肉疲劳的能力。举例来说，在不考虑体重的情况下比谁举起的东西更重，这比的是绝对力量；相对力量就是每公斤体重所表现出来的力量。我们都听过蚂蚁是自然界中大力士的说法，比大象还厉害，说的就是蚂蚁的相对力量比大象大。而我们在比谁俯卧撑做的个数多时，比的就是肌肉耐力了。

有研究对3~5年级儿童进行篮球训练的实验干预，12周后实验组的学生双手头上投掷篮球测试成绩与对照组相比呈显著性差异，证明篮球运动对9~12岁儿童力量素质有积极的影响。力量素质敏感期也有性别差异，女孩为10~12岁，男孩为12~14岁。该年龄段是身体肌肉增长最快的阶段，也是力量素质发展的最佳阶段，但我们必须明白，真正的目标不是增加肌肉量（虽然听起来不错），而是让这些肌肉足够强壮。在这个阶段要发展孩子全身的肌肉组织，不适合利用大器械进行力量训练，篮球运动这样的综合性运动就非常合适。

篮球场上的跳跃、投篮、传球、运球都是锻炼肌肉力量和耐力的好方法。如果你不相信我，明天早上去打一小时的全场篮球，第二天运气好的话，你身上的每一块肌肉都会酸痛，因为这就是力量训练的效果，这一点我可是有亲身感受的。在国家队时进行视频分析工作经常久坐，工作量巨大，很少有锻炼的时间，所以当队伍解散回到学校的时候，我最喜欢的就是到球场自己投会儿篮，长时间没有运动，跑起来自投自抢30分钟，第二天起床就会感觉到全身酸疼，前臂、肩膀、腰腹部、股四头肌反应最为明显。很多人以为投篮只要上肢发力就行，训练的时候只要加强手臂力量的练习就能投得更远、投得更准。事实上，投篮需要全身协调发力，而要投得准，必须经过千万次的投篮训练，提高肌肉耐力并形成投篮动力定型，这样才能在千变万化的比赛中、机体相对疲劳的状态下稳稳将球投进篮筐。

总的来说，6~12岁年龄阶段的孩子灵敏、柔韧、速度、力量、耐力等素质都处于重要敏感期，在这个阶段系统地给予针对性的训练刺激，可以让孩子的身体素质得到综合的提升和发展。

全方位促进运动技能提升

跑、跳、抛、接、拍等简单的身体活动是基本动作技能，它们不仅是运动技能的基础，还与孩子的身体健康息息相关。技能不是先天就有的，而是后天经过练习获得的。在初期玩篮球的过程中，孩子们每次都会通过球性练习对这些基本动作技能进行练习，逐渐形成稳定的"动作模式"和"动作单元"，为篮球运动技能的学习和发展打下良好的基础。国际上普遍认为，7岁之前是儿童基本动作技能形成的关键期，此时学习技能的速度更快，也更容易，而且他们还没有对不完美运动表现有害羞的意识。

在对运动技能习得的研究中，研究者注意到一个常见现象：当研究对象开始练习一项新技能时，短时间内他们的水平会大幅提高。所以，小朋友在初期学习篮球运动技能时经常能够有"从不会到会"的成功体验，比如第一次顺利接住球、第一次投中篮、第一次运球过人等，这些对于树立孩子的自信心有非常积极的作用。

粗大动作技能和精细动作技能

根据完成动作时参与肌肉的不同，可以把动作技能分成粗大动作技能和精细动作技能两种。

粗大动作技能是在较大空间范围内进行并要求做大幅度动作的技能，如跑步、纵跳，其特点是需要整个躯体和大块肌肉群参与才能完成活动，有研究表明其发展敏感期是3~6岁。篮球的体积比较大，在球场上经常能够看到小朋友追着球跑，一蹦一弹的篮球正好能带着孩子跑起来、跳起来。在练习中我们还会给孩子创设很多不同的情境，让他们抱着球过障碍、运着球去抓人、一攻一守照镜子做各种身体动作等，孩子们能够在这些小游戏中发展粗大动作技能。

精细动作技能是在狭小空间范围内进行，并要求动作协调、精致、幅度小地展开的技能。孩子在幼儿时期就开始用复杂的方式操纵物体，如用手指扭动表盘、翻书、搭积木，还会用蜡笔画圆圈、画星星。接着他们该系鞋带、扣纽扣，这一时期的精细动作技能学习比大多数大肌肉运动更具挑战性。篮球运动中有很多技术动作需要精细动作技能，如投篮时的拨指、运球时的压腕，其特点是仅仅靠四肢小肌肉群的运动来完成活动，通常涉及手眼的协调，对动作的精确性有较高要求。通过不断地练习，教练要求孩子传球、投篮时拨指的力度和方向更精确，运球的手指控制更多变，精细动作技能也得到了很好的发展。精细动作技能的发展不仅对儿童的身体发育很重要，对智力发展也很重要。有研究表明，精细动作技能的发展同时可以促进孩子思维和语言的发展。

封闭性动作技能和开放性动作技能

英国心理学家剖尔顿于1957年最早提出根据环境的稳定性来区分动作技能。如果一种动作技能面对的外界环境是稳定的、可预测的，那这种动作技能就是封闭性动作技能；如果一种动作技能面对的外界环境是不断变化的、不可预测的，那这种动作技能就是开放性动作技能。

封闭性动作技能发生在固定的、环境不变的条件下，完全依赖肌肉的内部反馈信息进行指导，具有相对固定的动作模式，如跑步、游泳。在篮球运动中，罚球相对来说是封闭性动作技能，它要求罚球队员更多地关注自己的投篮技术动作来保证命中率。

开放性动作技能是根据外部环境因素的变化来调节和控制动作，以与外部环境相适应的动作技能。开放性动作技能反馈信息来源于人体外部及主体的确切感受，除了要求练习者有一定的身体条件和技术水平，还要求有敏锐的知觉能力、果断的判断能力、预测能力，以及根据环境变化调节、控制自身动作系统的随机应变能力。在打篮球时，孩子除了要掌握一定的控球技能，更多的还需要根据攻防对手的动作变化来决定自己的行动。

连续性动作技能和非连续性动作技能

根据运动过程中动作的起止点是否清晰，可将运动技能分为连续性动作技能和非连续性动作技能。连续性动作技能是以连续、不间断的一系列动作方式完成的技能，如骑自行车、滑冰等，篮球运动中的运球移动等，其特点是动作的持续时间较长，动作过程重复较多。非连续性动作技能是完成这种技能的时间相对短暂，各环节之间无重复，如推铅球、跳水等。在篮球运动中，球员持球准备、瞄篮、投篮出手，完成整个投篮动作即非连续性动作技能。

运动技能的迁移

通过运动技能的分类可以发现，有的运动项目能够更好地发展孩子某方面的动作技能。比如跑步、游泳等周期性竞速运动，对孩子粗大动作技能的发展有较大的作用，而对精细动作技能的发展作用有限；对封闭性动作技能的发展较好，而对开放性动作技能的发展作用有限；对连续性动作技能的发展较好，而对非连续性动作技能的发展作用有限。篮球运动中的技能较为复杂，无论我们按什么分类标准，各种类型的运动技能都可以在打篮球的过程中得到锻炼。所以说，篮球运动能够全方位促进孩子运动技能的发展。

此外，运动技能还存在迁移现象，已掌握的运动技能对学习新的运动技能会产生影响，包括正迁移、负迁移。通过篮球运动中的动作技能学习，孩子掌握的运动技能类型更为丰富，更有可能与其他运动技能存在相同因素和成分，从而形成技能学习的正向迁移，使孩子更容易学习掌握新的动作技能，从而获得成就感。尽管也有可能存在相反的动作方式而造成负迁移，比如篮球运动员在学打排球时，扣球容易发生持球违例，但毕竟发生的概率很小。

从长远来看，无论孩子将来从事什么行业，通过篮球运动，不同类型运动技能发展水平都比较高,这样的技能学习也可以帮助他们从容面对纷繁复杂的社会环境和各类技能的学习。

3.更好的运动协调能力和专注力

一般在篮球课的准备活动阶段,我们会让孩子做一些动态牵拉、反应练习来热身,同时提高孩子的专注力,有时候还会加上一些简单的基础运动技能学习和练习。有的孩子能很顺利地跟着模仿,但有的孩子就会显得动作笨拙、节奏感差,问题主要出在运动协调能力上。

什么是运动协调能力

运动协调能力是人们在运动时,机体各器官系统、运动部位协调配合完成动作的能力,与速度、力量、耐力、柔韧等身体素质和运动技能有着密切的联系。具体来说,是身体各种感受器官接受内外环境变化刺激,将刺激能量迅速转化为神经活动而发生大脑皮质兴奋与抑制的相互转化,来支配和调动身体各部位的肌肉积极工作、协调一致地完成各种技术动作的能力。它包含很多方面,按肢体间的关系可分为上下肢动作协调、左右侧肢体协调、身体整体动作协调(躯干与肢体间协调);按感官和肢体间的关系可分为视觉肢体动作协调(手眼协调、腿眼协调)、听觉肢体动作协调、本体感觉肢体定位、平衡性动作协调等。

运动协调能力不仅影响孩子的运动表现,对孩子的心理、智力发展也有重要的影响,它和认知能力是同步发展、彼此支持的,在很大程度上,运动激活的脑区和认知时需要的脑区是重合的。先天遗传因素肯定是不可忽视的因素之一,但是后天的习得和刺激能够在很大程度上帮助孩子运动协调能力提高和发展。现在很多家庭都是几个家长养育一个孩子,还没等孩子爬利索呢,就开始让孩子学走路,导致小脑发育不够好,孩子长大一些后,身体协调能力便会受到一些影响;有的家长认为体育锻炼是浪费时间,给孩子安排各种文化补习班、特长班,孩子们体育锻炼太少,致使错过了运动协调能力发展的敏感期。

孩子从出生开始就存在发育速度的快慢差异，运动协调能力和运动技能的掌握速度也会有差别。从运动技术教学过程来看，运动技能的形成是条件反射的建立与巩固，协调能力发展越好，就越能合理地运用所掌握的各种技能，使大脑皮质的暂时联系很快建立起来，加快对新技术的掌握，运动技能迁移作用会发挥得更好。良好的动作协调能力对于孩子掌握运动技巧、提升运动能力有很大帮助，能够使其身体各项系统协同配合与发展，进而塑造良好的身体姿态，促进身体健康发育，为成长和未来发展打下良好的基础。

篮球怎样提高孩子的运动协调能力

在篮球场上我们可以看到孩子一边跑一边运球，一边跳一边投篮，一边转身一边传球，一边转身一边起跳投篮出手……

孩子在篮球场上可以同时用身体的不同部位协同合作来进行复杂的技术动作，这需要注意力和协调能力共同作用。我们的大脑内部有三个感官系统：视觉、听觉和本体感觉，大脑会随着外界的刺激自动在三种方式中不断地转换，并且会"优先采用"一个系统，当我们用这种方式来处理信息的时候，我们会感觉到特别舒畅、愉悦，效率更高。

前面介绍了运动协调性有多种分类，我们常说的体育运动可以提高协调性，是从感官系统与肢体之间的协调配合这个角度来理解的。在篮球运动中，因为有球存在，并且是集体项目，所以在训练与比赛中孩子需要通过观察对球的飞行速度、力量、方向进行判断，这需要视觉系统；队友之间需要沟通交流来确定自己的技术运用，这需要听觉系统；做技术动作时还要根据自己和防守队员所处的空间位置等复杂信息作出反应，这需要本体感觉系统。可以看出，篮球训练能够同时调动多感官系统来锻炼孩子的运动协调性。

虽然孩子在儿童时期的生活中也能发展手眼协调能力，但想让这一水平进一步提高，那则是需要练习的！正如你想象的，孩子越早开始练习手眼协调的活动，他们就会做得越好，而这种协调能力的提高会在生活中产生各种各样的影响。手眼协调在篮球项目中是最为突出，也是最易于理解的。它是手的动作与眼睛看到的相匹配所需要的控制，也就是通过处理我们看到的东西来引导我们的手快速、准确地移动，从而成功地完成任务。手眼协调在孩子2～4月即开始发展，他们会看见物体并尝试用手去抓住。把篮球作为一项运动来观察，很明显，它是围绕孩子是否能很好地观察球、控制球展开的。当然，这其中也包含了肢体与肢体、躯干与肢体之间的配合。

传球，孩子首先用眼睛观察自己与同伴之间的距离，然后决定传球的方向和用多大力量将球传到队友手中，这需要很长的时间进行练习。传球是篮球运动不可或缺的部分，因此孩子会有大量的机会在学篮球的过程中进行锻炼。

投篮和传球一样，都是需要孩子通过眼睛来判断投篮的方向和角度，用多大的力气，手部配合做出相应的动作来投篮命中得分，这其中还包含了身体整体的发力。

接球，当球飞来时，孩子需要很快地通过观察判断出球飞行的速度和力量，以及自身在这个飞行路线上所处的位置，立即决定是否需要移动，并在适当的时候用手把球接住。孩子还必须估计来球的速度和路径，这样才能接住它。

运球包括一系列复杂、快速的动作，需要用手控制不断从地板反弹起来的球，如何处理眼睛接收到的视觉信号是学好这项技能的关键。跑动时控制篮球会很难，孩子不仅要把握球从地板反弹起来的时间，还要估计每次球离开手时应该向前拍多远。运得太远，球就会控制不住；运得太近，就有可能被球绊倒。运球过人是最棘手的部分，因为孩子在控制篮球的同时，还要通过观察判断防守方的意图，应对对方的防守。比赛时就更难，因为眼睛需要观察对方多名防守球员，从而作出该用体前变向运球还是背后运球来过人的决定。

除了视觉的输入，篮球场上还有很多的听觉和本体感觉的刺激。比如，当孩子在运球时，队友会喊"给我球、给我球"，他就会循着声音去找队友，并判断队友是否有机会，该不该传球给队友，用什么方式去传这个球；防守的时候，队友会提醒"来掩护了"，或者"协防、协防"，孩子听到队友的提示就能判断自己的哪个方位有危险了，或者哪个方位有帮手了，从而调整自己的防守技术运用。

传球、运球、投篮、无球移动、进攻、防守等不同的环节为孩子创造了不同的锻炼运动协调能力的情境，玩着学、学着玩，运动协调能力自然就提高了。

无时无刻不在的专注力锻炼

专注力又称注意力，是一个人在繁杂的环境中过滤掉无序和无用的信息，专心做某一件事或活动时的心理状态。

当孩子在学习篮球技术时，他们要用眼睛看、用耳朵听，去模仿教练的动作，这一系列的过程会帮助孩子提高注意力。当新学的技术有突破时，孩子能够获得即时反馈，能感受到努力带来的价值。这种正向的、积极的能量会使孩子收获快乐，也会促使他们继续专注于所做的事情，从而形成正向循环。比如，把球投进篮筐需要高度的专注力，孩子要通过眼睛瞄准目标，并协调肢体做出准确性极高的动作，所有这些都可以通过大量的练习来实现。不断地练习瞄准和建立精确度是一个终生的技能，孩子可以持续从中受益。

除了学习单个技术，对抗比赛更是需要孩子在复杂多变的情况下集中注意力——他需要在队友之间寻找更好的空当去传球，需要在多个防守人不断的位置变化中运球突破上篮，需要在嘈杂的观众呼喊声中罚球进篮筐。这些都要求他们有较高的专注力，进而在复杂的情况下展示出运动技能。

每一次学习新技术，每一次进行练习，每一次打比赛，都会不断地激发孩子的身体潜能。打篮球无疑是一项非常好的提高孩子各项能力的运动，但这些能力的提高又不是一朝一夕之事，需要长久坚持。

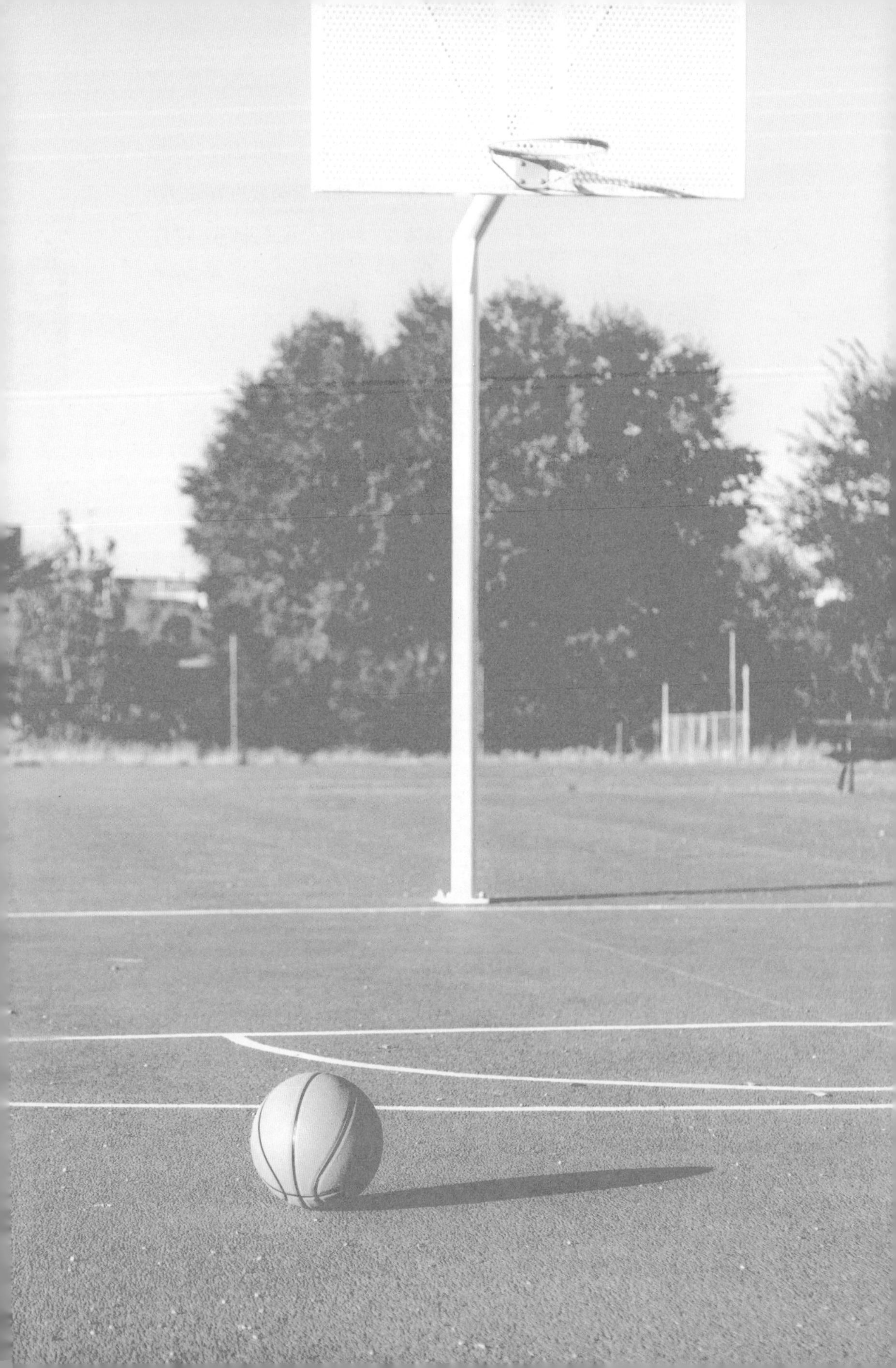

第三部分
塑造孩子的"完全人格"

1. 自信力：热爱篮球的孩子，内心更强大

2. 坚毅力：挫折，也是成长的必修课

3. 规则力：规则意识培养从"不要踩线"开始

4. 团队力：融入团队，合作共赢

2021年9月亚洲杯结束后，我听说电视剧《觉醒年代》非常好，决定看一下，结果让我大为震撼，原来国产片这么好看！一部剧让我清楚地了解了中国近代史，更明白了教育的重要性。而其中最关键的是我国著名教育家、革命家蔡元培先生提出的"完全人格"教育理念，其内涵是使受教育者在德与智、身与心、体与能诸方面协调发展、全面发展，这也让作为教育工作者的我深刻明白了何为教育。

过去每当奥运会期间，就有这样一种声音：美国在金牌榜上之所以遥遥领先，从孩子就可以看出来。在中国，家长认为练体育、进校队是浪费时间时，美国家长却"挤破头"拼命让孩子进校队，是我们的教育理念差距太大吗？蔡元培先生在1912年就提出了"完全人格，首在体育"。我们落后的不是理念，而是行动。随着社会的发展，很多家长已经意识到体育的重要性，但是还在纠结让孩子练什么项目好。

这几年我接触了不少送孩子来练篮球的家长，在一次上课前的交谈中有一个妈妈说道："篮球简直是完美的体育项目，我儿子现在特别自信，每个周末都盼着来打球，每次练完回去都高兴得不得了！"听到这样的反馈，我真的很开心，记得她儿子刚来的时候是一个连交叉步都不会做的小男孩，而现在看他，俨然是一个在球场上帅气、自信的小男子汉了。

中国男、女篮国家队原教练宫鲁鸣在采访中曾说："篮球可以帮助青少年培养团队精神和应对挫折的能力，接受篮球训练，有助于年轻人形成正确的、积极的健全人格。"练篮球不仅能锤炼身体，还能培养孩子自信、坚毅、遵守规则和团队合作等多种精神品质，塑造孩子的"完全人格"。越来越多的家长选择让孩子打篮球，更加说明了篮球的魅力。

1. 自信力：热爱篮球的孩子，内心更强大

正如美国铁路大亨科尼利尔斯·范德比尔特所说："一个充满自信的人，事业总是一帆风顺的；而没有信心的人，可能永远不会踏进事业的门槛。"自信是一种积极的心理品质，而自信力则是一种能力。自信力就是你相信自己能做，并且最终一定能取得成功。

儿童阶段是形成自信的重要时期，自信心是孩子成才与成功的前提条件，自信能够让孩子有安全感，并且能够在复杂的情况下作出正确的决定。一个缺乏自信的孩子即使头脑聪明、记忆力好、思维敏捷，但在学习和生活中稍遇困难就会退缩不前，找很多借口及理由去逃避，而自信则能克服万难。

从"我不行"到"我能"（谁说我不行？我能！）

在生活中，孩子大部分的事情都需要听大人的安排，很多事情还需要大人帮忙，想做点什么事，大人总是会说"你还小，你不能"。孩子的能力被低估，失去很多尝试、体验成功的机会，看不到自己的真正能力和价值。在学校，学习测试不理想时孩子们也会不禁怀疑自己——"我行吗？"从而产生挫败感。这些"你还小""你不能""我行吗"的长期积累，孩子的自信心就消磨殆尽了，取而代之的则是自卑感。

体验成功、树立自信是一个过程，篮球运动可以让孩子在实践中尝

试控制自己的身体，不断学习新的技能，从而建立自信的落脚点。在学习打篮球时，专业的教练总是会适时地、从易到难地为孩子设立小目标，让他们在小目标中体验到成功，之后逐渐将目标变大，并且让孩子不断挑战自己。

当我们面对一件陌生的事情时，一般会有三种感觉，那就是"我不行""我试试""我能"。

> 阳阳是个6岁的孩子，胖嘟嘟的，跟他一起练球的还有另外两个孩子。我带他们练习的第一天，让他们做"扫荡腿"的运球游戏，就是一边运球，一边看准时机将一条腿抬起来从球的上面"扫"过去。另外两个孩子开始做了，可是阳阳抱着球一动也不动，我就问他："你怎么不做呀？"他抱着球看着地板轻轻地说："我不行。"我蹲下身来跟他说："我们试一下好吗？"他看着我点点头。
>
> 我让他先运球，然后鼓励他："现在你准备好抬腿了吗？好，抬腿，扫。"第一次的时机不是特别好，球卡在了他的大腿下面。"没关系，我们再来一次吧。来，运球，再把腿抬高一点，1、2、3，抬腿！"他的右腿一下子就从球的左边来到了球的右边，他成功了！
>
> "Give me a High Five！（一起来击掌庆祝吧！）"我伸出右掌，他跳起来开心地跟我击掌庆祝。"谁说你不能呀？你明明能的呀！来，咱们再来做几次好不好？"他抿着小嘴开始运起球来，准备好抬腿"扫荡"，看着他盯着小篮球专注的样子，我认为他感受到了"我能"
>
> 之后我让他做动作技术的练习，他再也没有"我不行"这个想法了，因为我告诉他，我让他做的练习一定是他能做的练习，只要他尝试，一定能行。阳阳看上去是个不苟言笑的孩子，但是每次篮球课上他都玩得不亦乐乎，并且我跟他之间仿佛建立了很好的连接，他充分地信任我，愿意去、敢于去尝试我给他的练习任务。

第三部分 塑造孩子的『完全人格』

激发孩子"我能"的感觉对"小小孩儿"来说特别重要。通过练篮球，他会发现"我能连续运球10次了！我能自抛自接篮球，不害怕了！我能投进篮了！"等长大一点，他会发现"我能三步上篮了！我能防守抢断球了！"

有专业篮球培训机构对篮球运动中的技术动作进行分解，发现总共包含400多个技术动作。如果孩子很小就开始打篮球，有的动作可能对他来说不难，很快就能掌握，而有的动作可能需要在教练的帮助下，经过一些尝试最终体验到"我能"。一次次简单的成功、一次次小小的成就感，让孩子一次次体验"我真棒"，400多次"我能"一定可以让孩子学会自我相信。当然，在打篮球的过程中还有很多组合技术的练习、游戏、比赛，每一次练习、每一次挑战都是孩子自我肯定的契机，这会让他们越来越自信。

比别人好一点点，由内而外的自信

三毛在《关于读书》中说道："读书多了，容颜自然改变，许多时候，自己可能以为许多看过的书籍都成过眼烟云，不复记忆，其实它们仍是潜在的。在气质里，在谈吐上，在胸襟的无涯。当然，也能显露在生活和文字中。"同样地，篮球训练带来的自信、气质的改变也会沉淀在孩子的精气神中，孩子的变化谁都可以感受到。

在生活中，我们经常会发现拥有一项"强于别人的技能"的孩子显得特别自信，这种状态是由内而外的，特别耀眼。对于过往经验尚不丰富的孩子来说，建立自信最简单、最有效的切入点，就是培养他的运动自信。

织金县曾是贵州省毕节市下面的一个国家级贫困县，北京体育大学每年都会派优秀的学生去那里进行体育支教，篮球是必不可少的项目。2019年，支教的学生帮助织金县的一所小学举办了篮球赛，其中有一个六年级的学生小海，他身材矮小，成绩也不好，在班里有一点自卑，但平时喜欢打篮球，一有时间就会和同学一起打。在学校举办篮球赛后，他凭借出色的表现，收获了大批"粉丝"，在班级里，甚至学校里都成了"小明星"。前不久听说小海上初中了，人也变得自信了，在班级中还担任了班委，学习成绩也有了提高。篮球比赛给他搭建了展现自我的平台，球场上的自信迁移到了他生活、学习的方方面面，他也变得越来越好。

拥有"比别人好一点点"的运动能力会给孩子带来"尽在掌握"的自信，尤其在团队项目中，相信自己能力的，则较容易在其中成为领导者。

鹭鹭是我2022级的硕士研究生，本科时去天安门国旗护卫队服役2年，英姿飒爽，充满朝气。她跟我分享了她小时候学篮球的故事：

> 上小学的时候，每个假期妈妈都会把我送到体校去进行篮球训练，这对性格内向的我来说简直就是灾难。那时，我总认为打篮球是男孩子的活动，一想到球场上激烈的身体对抗我就感到深深的恐惧。
>
> "妈妈，我真的不想练篮球，训练课上全都是男生，就只有我一个女生，我不好意思。"每次训练前我都会无奈地发出抗议。
>
> "这有什么不好意思的，妈妈小时候也练篮球，男孩女孩都一样练，大家混熟了就好了，你今天必须去！"妈妈每次都会斩钉截铁地拒绝我。
>
> 刚开始参加训练时，由于害羞，我总是自觉地排在最后一个，做动作也有些畏手畏脚。看到其他男生都能够轻松熟练地完成投篮、上篮等动作，而自己连最基本的原地运球都做不利索，跑得不如男生快，跳得也没有男生高，我心里总有一种挫败感。
>
> 之后我所在的小学组建了女子篮球队，由于有篮球基础，我顺利成为小学女篮的一员。进入女篮训练后，我发现自己比其他女生运球更加灵活流畅，投篮命中率更高，我也因此总能得到教练的表扬。在看到自己的价值后，我变得越来越自信，不仅自己在训练中更有

> 干劲儿，而且更愿意去带领队友们训练。在一次次训练、一次次对抗、一次次配合中，我对自己的技术越来越自信，球队的凝聚力也不断增强，而我也因此收获了真挚的友谊。

那一年9月开学我第一次见到鹭鹭，在听她的故事前，我真的很难想象这个笑容满面的漂亮姑娘，在打篮球之前是一个怯懦、内向、不自信的小姑娘。

篮球的魅力就在于此，它可以直接地带给孩子成就感，投进一个球、很好地控制身体平衡、完成复杂的运球，这些事情都会让孩子获得满满的成就感，让孩子感受到"我能"。篮球运动让孩子学会在逆境中坚持，在困难处奋发，在不经意间改变孩子的品性，带给孩子的不仅是强健的体魄，更是强大的内心。

2. 坚毅力：挫折，也是成长的必修课

"你看那谁谁谁，太宠孩子了！""你看那孩子，肯定在家里什么都不干。"这样的议论也经常发生在我的朋友圈子里。琪琪上二年级的时候每周六上一次英语课，下午三点半下课，然后我们赶紧将她接回到北体大参加四点的篮球班。一到场地，我就快速给她拿袜子、穿鞋子，帮她系鞋带，一条龙服务。有一天，我一边给她系鞋带，一边看着场地上嬉笑打闹的孩子，突然发现："天呐，还总说自己不宠孩子，琪琪都8岁了，我还在给她系鞋带！"

大部分我这个年龄的家长，都只有一个孩子，即使有很强的"不要宠孩子"的意识，但实际生活中都不可能完全做到，因为他们是我们的宝贝。孩子能在我们的宠爱下独立自主地长大，拥有强大而坚毅的内心，是我们每个家长最希望做到的事情。

坚毅力，坚定而又有毅力，是一种伟大的品质。宾夕法尼亚大学的心理学教授安琪拉·达克沃斯通过几年的学习和调查研究发现：让人们在生活、学习、工作等各个方面取得成就的决定性因素，不是智力，不是外貌，不是情商，而是坚毅。

不要让孩子成为温室里的花朵

当前各类电子产品充斥于儿童、青少年成长的方方面面，升学压力让孩子们的校内外课业负担持续加重，超越身心成长阶段的课程教育严重挤占了孩子的体育运动时间，因此，我们经常可以看到"小眼镜""小胖墩"。该有的能量消耗，变成了脂肪堆积；该有的强健体格，变成了温室花朵，冬天不能抗寒、夏天不能抗暑。

有的家长觉得练篮球太辛苦了，孩子那么小，摔倒了怎么办呀？跑累了怎么办呀？

> 旭旭今年4年级，和他一起练球的有3年级的孩子，也有5年级的孩子。他跟着我练了快两年了，性格外向，很喜欢表现，当然也很喜欢我夸他。每次来练球，我都会在课的最后安排30分钟左右的时间让大家打对抗比赛，前提是前面的基本技术得抓紧时间认真练。这是孩子们最喜欢的部分，有时候人多，孩子们就得轮流打，所以他们都非常珍惜这一点点的比赛时间。
>
> 有一天打半场4对4，旭旭为了抢一个球绊到了对手的脚上摔倒了，他停顿了一下，躺倒在地上，抱着左脚踝，满脸的痛苦状。大家都围上去，我也赶紧蹲下身询问他怎么样。其实我清楚地看到了全过程，初步判断扭得不重，因此我一边让他别动先躺一下，一边和其他小朋友说刚发生的这个球进攻队员应该怎么处理更好。说完后我再回过头来问他："好一点了吗？可以继续吗？"他看了看自己的脚，

> 动了动，站起来一瘸一瘸地说："行。"因为他不想错过每一次宝贵的几分钟比赛时间。
>
> 晚上我给他爸爸发了条短信，让他给孩子弄点冰，敷一下脚踝，把脚搁得高一点，好好休息一下。旭旭很坚强，而且小孩子的机体自愈能力很强，不过，必要的处理还是需要的。

孩子就是这样，当他有动力的时候，他会克服一切困难来坚持做自己喜欢的事情，篮球的魅力可以让孩子短暂地忘却疼痛。摔倒了不怕，我们要给孩子自己站起来的机会；累一点也没关系，适应了一定的运动负荷，慢慢递进，孩子就不会觉得累了，并且承受负荷的能力会越来越强。

孩子就如同一个鸡蛋，从外面打破是食物，从里面打破是生命，蛋壳保护着一个能力弱小的他。如果我们一味地呵护，当强大的外力瞬间打破保护层时，孩子就会遭到重大挫折而无所适从；但如果我们能在呵护他们的同时，持续不断地给他们赋能，让他们经历挫折、积累经验、具备能量，最后让他们自己打破保护层，这样他们就会从依赖走向独立，具备自我生存适应的能力。

挫折教育不是一朝一夕的事。网上有个故事：君君家里条件优越，君君养成了娇惯懒惰的不良性格。君君爸妈也很着急，看到有机构组织挫折教育训练营，声称可以让孩子在挫折中得到前所未有的锻炼，自此变得坚强独立，于是赶紧给君君报名。10天的训练营，君君打回来几十个电话，哭诉不堪忍受其苦，家人更是如坐针毡，终于熬到训练营结束，赶紧把孩子接回家。通过这次的训练营，君君非但没有变得坚强独立，反而变本加厉。

短期的训练很难让孩子脱胎换骨，坚持篮球运动则可以让孩子在长期的训练、比赛中，一次次经历挫折，克服困难，挑战自我，变得更坚强。

挫折中磨砺坚毅，真正享受成功的喜悦

坚毅内含的第一条是自我激励。外部的鞭策和施加压力，能让孩子持续一段时间地坚持；而内在的自我驱动会长久有效，一定要让孩子去做自己喜欢的、热爱的事情。

> 2021年获得小篮球联赛区冠军的球队里有一个孩子叫小琦，10岁的他举起了人生第一个MVP（最有价值球员）奖杯，他的脸上挂满了灿烂的笑容。
>
> 自小瘦弱的小琦能够与篮球结缘，离不开父母的影响，基于强健体魄的初衷，父母希望他可以参加篮球运动。"重心压低！抬头看前面！脚划起来！快！动起来！"伴随着教练的"咆哮"声，小琦开始了第一次篮球训练课。不同于学校教师温和的教学方式，小琦的篮球教练对他非常严厉，面对第一堂连球都摸不到的训练课，他有些迷茫，甚至不明白这样做的意义到底在哪儿。
>
> 在父母和教练的帮助下，小琦逐步感受到了篮球的乐趣，在掌握了一些技术后更是不断尝到了成功的喜悦，一切都在向好的一面发展。一年后，曾经那个懵懂哭闹的小朋友，终于站上了小篮球联赛的舞台。
>
> 那年他8岁，带领团队杀进了省级决赛圈，但是面对人高马大、技术更胜一等的球队时，一次次失误将他们一步一步推向了失利的边缘，最终败北，获得了第二名。正当父母担心这次失利会打击到小琦时，他的表现却出乎大家的意料。
>
> 他没有哭闹，也没有消沉，而是反复看自己的比赛录像，分析并发现自己的不足。从这时起，他已经明白了赛场是最无情的地方，自己不够强大就注定要迎接失败，只要踏上赛场就一定会碰见比自己能力更强的球员，所以只有不断地完善自己，才能登上更高的舞台。

第三部分　塑造孩子的"完全人格"

小琦的父母没有意识到，篮球已经帮他们把儿子培养成了一个抗挫折能力极强的小男子汉啦！篮球运动可以让孩子增加面对挫折的勇气，增强他们的抗挫折能力。比赛中每次进攻的投篮成功率只有40%～50%，由于失误和投篮不中，经历失败的可能性就有50%～60%，甚至更多。防守同样也有成功和失败，比赛中进攻总是占据主动，也许这次进攻没有投中得分，但是防守被过了，对于防守方来说也是一次失败。"下一次我要出手高一点投进去""下一次我要快一点移动防住他""下一次我应该传击地球"，篮球运动中的每一次失败都会让孩子思考下一次该怎么做，怎样才能做得更好。一次次失败不但不会打击孩子，还能够培养孩子坚毅的心理素质和提升孩子解决问题的能力。

坚持的时间比别人更长，你就是天才！

关于古希腊著名的哲学家苏格拉底，流传着这样一个诠释"坚持"的故事：

> 有一个学生在课堂上问苏格拉底，怎样才能修学到他那样博大精深的学问。苏格拉底并未直接作答，只是说："今天我们只做一件最简单，也是最容易的事，每个人把胳膊尽量往后甩，再尽量往前甩。"苏格拉底示范了一遍，说："从今天起，每天做300下，大家能做到吗？"学生们都笑了，这么简单的事有什么做不到的？
>
> 过了一个月，苏格拉底问学生们："哪些同学坚持了？"有九成学生骄傲地举起了手。
>
> 一年后，苏格拉底再一次问大家："请告诉我，最简单的甩手动作，还有哪几位同学坚持了？"这时，只有一人举起了手，这个学生就是柏拉图，他后来也成为古希腊著名的哲学家。

我国古代思想家、教育家荀子也说过："锲而舍之，朽木不折；锲而不舍，金石可镂。"人要想成功，不在于你现在力量有多大，而在于你坚持得有多久。

> 在北京市篮球比赛中，小文和她的队友过关斩将，最终夺冠了。每场比赛中，她总是队伍的核心，拼命三郎般的劲头、冠军非我莫属的气势更是令对手叹服。
>
> 小文是一个外表文静、爱吃冰激凌、爱穿漂亮裙子、经常撒娇又爱笑的北京女孩，只看她的外表，觉得"篮球""冠军"这些词汇都不可能跟她沾边。小文妈妈说在接触篮球之前，女儿做什么事都是3分钟热度。她喜欢一个人待在家里，将卫生间当成化学实验室，把各种洗发水、护发素、洗衣液、牙膏、护肤品混合起来，然后等着看她的"实验"发生一些"化学反应"，如果很长时间也没有结果，她就会懊恼不已，悻悻离去。后来机缘巧合接触到篮球，从喜欢到热爱，一直坚持到现在，小文结识了很多朋友，性格也开朗了很多，从原来的宅女变成了朋友圈里的核心人物。现在取得了一点点成绩，应该都源于她对篮球的态度——坚持！

每个人的成功都带着汗水，努力和坚持是他们的标配。人人都羡慕NBA巨星斯蒂芬·库里的三分远投准得"变态"，却不知道他赛季中每天训练坚持投中200~300个三分球，休赛季则是500个，而且是那种不沾筐的空心球，如果沾筐了就重新投。有记者在采访传奇球星科比·布莱恩特时问他为什么能够这么成功，科比说："你知道洛杉矶早晨四点半的样子吗？"记者摇摇头。"我知道每天早晨四点半洛杉矶的样子……"

坚毅并不是刚性的说到就做到的品质，而是在经历了多次挫败以后，依然不放弃，依然坚持尝试，努力超越，最终实现目标的品质。经历一定的挫败，并成功地越过那些挫败，才会让孩子有更加坚毅的意志。

孩子需要我们的宠爱和呵护，也需要挫折和磨砺。不经历风雨，怎能见彩虹？篮球就可以实现非常好的挫折教育！

3.规则力：规则意识培养从"不要踩线"开始

现代社会飞速发展，很多事情都需要大家按照规则各尽其职，合作共赢。要成为社会中合格的一份子，健康正确的规则意识是必不可少的。从心理学上来解释，规则意识是发自内心的、以规则为自己行动准绳的意识。

对于孩子来说，这种意识是他能够理解明白，且行动上能够去遵守执行。很多时候家长会抱怨，孩子为什么不能够遵守既定的规则呢？然后给孩子讲一些大人的道德观、价值观，以及不遵守规则带来的后果等，但是孩子没有经历过，没有接触过，没有很多的亲身体验，很难理解这些大道理。

边线、底线、罚球线，哪条线都不能踩

篮球运动中有很多规则，比如持球的时候边线、底线都不能踩，踩了就是出界，会失去球权；罚球的时候，投篮出手前不能踩罚球线，其他人则不能踩分位线，踩线就算违例，可能失去球权，也可能让对手多一次罚中球的机会；投三分球的时候，如果踩线了，虽然不会失去球权，但是投中的球会算2分。2021年NBA季后赛篮网队和雄鹿队的比赛中，凯文·杜兰特关键一投被判为2分，错失绝杀机会，这也决定了比赛的走向。加时赛篮网惜败雄鹿，没能挺进东部决赛。赛后，网友们戏称"杜兰特与东部决赛仅差一个大脚趾的距离"。篮球运动中严格的比赛规则，可以帮助孩子从小树立规则意识。

小锴今年7岁，刚到篮球班没多久，性格比较内向，胖墩墩的，父母的初衷是让他来篮球班减肥。总和他搭档练习的乐乐正好相反，机敏伶俐，简直是只"小猴子"，两个人一起练习可能也是互补，其乐融融。每次比赛时间，他们俩一般会被分到对立的两个组，一个进攻，另一个防守。比赛中如果有人对投篮球员犯规了，我会像正式比赛一样让孩子执行罚球，所有人要按照规则站到相应的区域，但是罚球的队员可以根据能力选择罚球的距离，这是我定下的规矩，每个人都这样执行（因为我们的场地既不是小篮球场地，也没有小篮筐，小一点的孩子站在罚球线还投不到篮筐）。

有一天半场5打5，小锴的队友被犯规了，要执行两次罚球。我指引他们各就各位站到相应的区域，然后准备把球给罚球的孩子，只听小锴说："不能踩线，徐老师说过。"我看了看乐乐，他乖乖地把脚收了收，准备抢篮板球。

"小锴说得没错，真棒！"我扫视了一圈站在分位线上的小朋友们，接着说："不可以踩线哦。"

虽然只是轻描淡写地表扬了一下小锴，实际上我心里早乐开了花。我一直以为不苟言笑的小锴接受能力相对来说稍微差一点，原来安静的他记着事儿呢！乐乐在他的提醒下，二话不说便按照规则把脚收了回来，因为他知道，这是篮球规则。

篮球项目中还有很多规则，强调规则，实际上就是对孩子行为的规范过程，练习和比赛中经常在同伴的监督下一起去遵守规则，潜移默化中孩子的规则意识就会越来越强。

遵守规则渐渐成为习惯

规则不是法律条文，却能规范人们的一言一行。家庭生活中有规则，社会生活中有规则，校园生活中有规则……规则虽不起眼，但它无处不在，无时无刻不影响着我们。从小让孩子遵守规则，久而久之就形成了习惯。习惯很奇妙，它会让人下意识地做出一些举动，好的习惯可以让人一生受益。有人觉得遵守规则是一种"束缚"，可是当他把"不得不遵守规则"作为一种习惯后，遵守规则也就相应地变成了他的活动准则。

篮球运动中除了项目本身有很多规则来保证比赛能够公平、顺利地进行，在练习中也会有很多练习规则需要孩子去遵守执行。比如做两人双球传球练习，如果教练说先用右手传球，那么两个人必须同时用右手传，否则球就会撞到一起，孩子会得到即时反馈，不遵守规则的后果立即显现出来，他们就知道了下一次练习要遵守规则，一起用右手传球。再如排队运球上篮，教练一般会规定前一个孩子做到哪个位置，后一个孩子就可以出发了，一个接一个做，如果哪个孩子不遵守规则提前出发了，他很有可能会跟前一个孩子撞到一起，因为前一个孩子上完篮还没有拿球离开篮下。这时候也是给了孩子一个即时的反馈，下一次上篮要按照教练规定的时间点出发。

有时候孩子太小，在练习篮球技能的过程中，技术动作简单重复训练会让他们感觉枯燥，从而注意力分散，这时就需要通过游戏来调动他们的积极性，激发他们的潜能，而参与游戏也必须遵守游戏规则，这同样也会加强孩子们的规则意识。比如用运球接力比赛的游戏来提高孩子行进间运球的速度，强调运动中球的落点，激发孩子的竞争意识。在这个游戏中，一般会要求孩子递交球的时候手递手，不能很远就传球、滚球给队友，因为这关系到接力的速度，大家都会很积极地监督对方有没有遵守规则，自己也会更注意遵守规则，避免犯规影响全队的成绩，毕竟孩子们都有一颗好胜的心。

规则意识的培养很重要，却不能急于求成。篮球练习中的这些规则看上去很不起眼，但是在孩子每次 2 个小时的课程中，至少要进行 10 个以上的练习项目，这样排队、和队友的合作规则的点点滴滴，会反复地进行和被强调，进而慢慢地渗入孩子的潜意识中，最终就会把"不得不遵守规则"变成了习惯。

心理学研究认为，孩子 4～8 岁认知逐渐清晰，8～10 岁开始有自主的道德认知，这也是建立规则意识的最佳时期。从"不要踩线"开始对规则进行认识和理解，到团队中共同遵守规则，通过篮球运动可以帮助孩子们建立良好的规则意识，而这些经历在孩子心中所产生的影响远比说教大得多。

4. 团队力：融入团队，合作共赢

当前，邻里间往来很少，孩子与同龄小朋友互相交流的机会和时间也非常少，导致看上去内向的孩子越来越多。而在当前日益激烈的社会竞争中，孩子需要的不仅仅是智力，更需要与人交往的能力。篮球运动作为一项集体运动，可以让孩子在玩中交往，在交往中玩，学会融入集体，让孩子逐渐走出"自我"这个小圈子，学会彼此配合来取得胜利。

团队合作是篮球运动能够带给孩子最重要的品质。篮球比赛中每个位置上的球员都各司其职，传球、接球、掩护、交换防守……一切都需要互相呼应沟通，团队整体性时时刻刻都在给孩子灌输合作的思想，孩子在篮球运动中通过传球、掩护、相互鼓励等，逐渐建立起彼此间的信任，他们需要和队友并肩作战，分工合作，共同进退。任何战术的执行都离不开团队配合，也正是这些让孩子认识到，一个人的力量是有限的，团队的力量才是强大的。要赢得胜利，就要相信队友，学会与他人合作。

也许你的孩子是"伪内向"（慢热）

有一次开全校大会，坐在我旁边的是学科类院系的老师，她抱怨说："我儿子天天黏着我，太内向了，真不知道怎么办好！"那时候我们的"淘乐奇"篮球班刚开始不久，只有住在家属区、跟我女儿琪琪差不多大的孩子才会受邀来参加，很少有人知道。我先问她孩子几岁了，她说6岁了，我就告诉她来参加我们的"淘乐奇"试试吧。

周六下午，同事带着宣宣到篮球馆找我，孩子瘦瘦的，拉着妈妈的手，躲在妈妈的身后探出一个小脑袋看我。我伸出手去拉他的小手："宣宣，今天跟小朋友们一起玩篮球好不好？让妈妈去忙工作，一会儿再来接你。我有你妈妈的电话，如果你想走的话，我可以马上打电话给你妈妈来接你哦。"我得让孩子感觉到在篮球馆是安全的，妈妈随时可以来到他的身边。接着我就给同事使了个眼色让她赶紧走，孩子百般不舍地看着妈妈离去的背影……"走，我们先去拿个篮球吧，你挑一挑，最喜欢哪一个篮球？"边说边拉着他进了球场。

记得那天我让孩子们玩了"捕鱼"的游戏，被抓的"小鱼"一条一条手拉手结成网，网越来越大，没被抓住的小鱼们想尽办法逃脱，还要想办法营救即将被抓的小鱼。我专门关注了一下宣宣，虽然他刚来，不是那条出谋划策的"领头鱼"或者"领头网"，但是他听着小朋友们商量对策，一会儿露出兴奋的笑容，一会儿拉着小朋友的手拼命跑着去抓"小鱼"，游戏结束后还跟小朋友们扎一堆坐在地上喝水。后面运球的时候，我要求大家数数让我听见，宣宣也不甘示弱，大声数着……两个小时很快就过去了，同事来接孩子，宣宣看到妈妈飞快地冲过去抱住妈妈的腿。我也走过去，问宣宣："今

> 天玩得开心吗？明天还来不来？"他依然躲到妈妈的身后，探出小脑袋冲我点了点头。
>
> 我跟同事说："坚持让他来一段时间看看吧，我觉得你对你儿子的判断可能不太准确哦，他可不内向，哈哈。"同事半信半疑地说："真的吗？太感谢了！"大概有3个月的时间，每周末1~2次，宣宣都很积极地来参加篮球班活动，虽然他的运动基础差一点，但是慢慢地，他跟小伙伴们打成了一片，有时候我还得因纪律不好对他们做出一点"小惩罚"呢，因为他们总是在分享生活中的甜酸苦辣。

有的孩子喜欢黏着熟人，不愿意主动和别人说话，这可能属于"伪内向"，也就是慢热。这样的孩子天性比较敏感，总会不由自主地观察周围的环境，有的时候会长时间犹豫不前，出现抗拒和恐惧的现象。家长急迫地想把孩子推出去，说些"这有什么好怕的"之类的"鼓励"，反而会让孩子更内向、更害羞，因为孩子觉得你没有跟他在一个频道上。把篮球运动引入孩子的生活中，让孩子和同龄人一起玩游戏、学技术，在简单的技术练习中体验"我能"的成就感，在和小伙伴的打闹中学会交流和沟通，有时候孩子有自己的语言，我们不懂。

教育家瑞塔尼·帕克内特曾说："自信诞生于被允许时，成长于团体之间。"在同龄人的团队中，每个人都在尝试新的技术动作，你做不好，他也未必完美，在这样一个宽松的尝试氛围中，孩子们一起长大，一起面对挑战。有的时候你先学会了，有的时候他先学会了，谁也不会去笑话你学得慢，相反，你还会得到来自团队的支持和鼓励。

对于孩子来说，团队是尝试自信最安全的地方。

团队让孩子有归属感

现代社会生活节奏很快，很多孩子由于种种原因跟着父母转战不同的城市，去不同的学校，结交新的朋友。有的孩子适应能力强，很快就能融入新的环境；有的孩子则会融入得慢一点。篮球则可以成为很好的媒介来帮助孩子克服初入新环境的恐惧心理，小小的篮球能给孩子带来大大的能量，帮助孩子找到归属感。

> 凯翔在美国出生，由于爸爸工作调动，举家回国。二年级的他刚转入北京的小学时，显得有些不合群。他身体素质好，在美国的时候练过一段时间篮球，爸爸让他进了学校的篮球队，希望他能够在篮球队里结交朋友，慢慢适应北京的学习生活。开始的时候，他和队友缺乏默契，常因为单打独斗错失进球良机，在教练的耐心引导下，在一次次训练中，队友把球传给他，他又传给位置更好的队友，慢慢地，凯翔感受到了集体的信任与合作。
>
> 每一场比赛胜利后大家一起庆祝，那种经过合作获得成功的经历进一步拉近了凯翔和队友之间的距离，让他感受到了团队的凝聚力和归属感。每一场失利的比赛，他都会和队友一起找问题，互相交流，准备下一场比赛。
>
> 在队友的帮助下，凯翔很快熟悉了校园的生活，和老师的交流也更频繁了。凯翔真正融入了集体，有了归属感，爸爸妈妈都松了一口气，"不合群"已经成为过去。

现下许多青少年参与篮球运动也是为了跟朋友在一起活动，或者是结识新朋友和得到同伴的认可。在积极的团队里，大家思想开放，有强烈的参与感，有明确的集体目标，能有效沟通。无论你从哪里来，将来要去哪里，当下，篮球运动都能让你切切实实地感受到归属感，你也可以感受到自己属于这里！

合作共赢的大熔炉

孩子的身心发育有一定差异，有的孩子发育早，身体机能等方面会强于其他的孩子，这样的孩子不容易看到自己的缺点，从而自我膨胀，很多情况下都将成功的功劳归于自己，失败则责怪其他的小伙伴，久而久之会失去合作的能力，而这应该尽早干预，纠正孩子的心态。

我有一个研究生文志，平时也会到篮球培训机构做教练，他跟我分享了一个让他印象深刻的"小霸王"的故事。

骏骏发育比较早，在6岁组别中又高又壮，自然而然在篮球上的优势要比别的小朋友大一些，也因此获得了"小霸王"的称号。刚开始，由于身体优势，在对抗比赛分组中，文志常常把骏骏和一些基础较差的小朋友分在一组，以平衡两组之间的实力，这也让骏骏经常成为队里的头号得分手。

比赛总是有输有赢，比赛输了时，骏骏首先想到的是抱怨队友不给力，也常常会发脾气，要求教练给他换队友。但是文志并没有给他调整分组，并且告诉他："篮球是一项团队运动，并不是只靠一个人就能取得胜利，抱怨不能解决任何问题，你需要多听听队友的想法，比赛的时候要抬头看看队友在做什么，多和小伙伴们交流。"同时文志还承诺骏骏，如果骏骏可以带领他们球队连续获得三次胜利，就送他一份特殊的小礼物。

也许是为了获得礼物，也许是为了赢，骏骏的抱怨慢慢少了。其中一场比赛，比分很焦灼，骏骏总想去"一个人赢得比赛"，而他的对手也明白他的意图，总是几个人合力防守他，他们队的比分也渐渐落后。在暂停期间，文志提醒他说："这么多人防守你，是不是你的队友就有机会了呢？"骏骏点点头。上场之后，骏骏马上

> 就遇到几个人的合力防守，他也来了个漂亮的突分配合，球应声入网。最终他们队取得了最后的胜利，虽然自己没得多少分，但骏骏很开心。训练课结束前，文志特意把他单独叫出来问他篮球比赛赢的关键是什么，他回答说是团队配合，并且也反思自己之前做得不对，不应该埋怨队友。看到骏骏的转变，作为教练，文志非常自豪。

孩子有优越感是好事，但是任其发展成看不起别人、嚣张跋扈的性格就不好了。当他融入集体，发挥自己的优势，帮助集体赢得胜利，尝到合作共赢的滋味时，他的荣誉感、归属感会更强烈，也更能理解团队合作的意义。

自信和自负仅一线之隔，如果你看过印度电影《苏丹》，一定会被"擂台上的王者"苏丹的故事感动。年轻的他自负狂妄，但他认为那是自信，为此付出了沉痛的代价，失去了生命中最重要的东西——家庭和孩子。人过中年的他再一次走上擂台，淬火重生，为尊严而战，最终赢得冠军，与妻子重归于好。苏丹的故事很励志，但是我也在想，为什么没有人早一点告诉他？也许这就是个人项目和集体项目的区别。

> 小杨很喜欢打篮球，经历了几年篮球训练的他成为学校里的"球王"。"你怎么那么笨！""这球你怎么不传给我？"同学们只要没有达到小杨的要求，他便开口嫌弃队友。"不想打就下去"等一系列不礼貌的语言脱口而出，显然小杨的过度自信让他变成了自大狂，看着打球不如自己的同学就开口责备。慢慢地，身边的同学渐渐远离了小杨，没有人愿意跟这样的人交朋友。
>
> 小杨发现昔日的球伴去食堂吃饭都不愿意跟他坐在一起了，平时跟他聊天、聊球的朋友也越来越少了。他意识到自己的自负给身

边同学带来了极大的伤害。

有一天他无意间翻到了一本篮球杂志，里面有一篇关于詹姆斯的励志语录："无论自己多么强大，记住自己永远只是集体中的一员，没有伙伴自己什么都不是。"小杨突然清晰地意识到自己的问题所在，篮球是一项集体运动，靠一个人是不可能使球队赢得胜利的，不管是平时打着玩还是打比赛，都是需要配合的。

于是他开始进行自我反思，跟每一个曾经被他伤害过的同学诚恳地道歉，球场上一度不喜欢传球的小杨，主动传球给队友，队友出现失误便拍拍肩膀，说"没事没事"。在一次次挡拆、传切配合中，小杨真正感受到了什么是信任、什么是合作，明白了集体中自己的位置，也许这就是篮球的魅力吧。

孩子对于来自同龄人的评价和欣赏都会视若珍宝，不加掩饰的评价可以帮助孩子看清自我，最纯粹的欣赏能让孩子充满能量。蔡元培先生在《中国人的修养》一书中说到：决定孩子一生的不是学习成绩，而是健全的人格修养。幼儿阶段的孩子正处于性格模糊的时期，这也是性格形成的关键时期，良好的性格培养对幼儿来说尤为重要。好的集体是锻炼人、培养人、改造人的大熔炉，它能让懦弱、任性、自私的孩子得到约束和改造，也能让勇敢、坚毅、热情等好的品质得到进一步锤炼和发展。

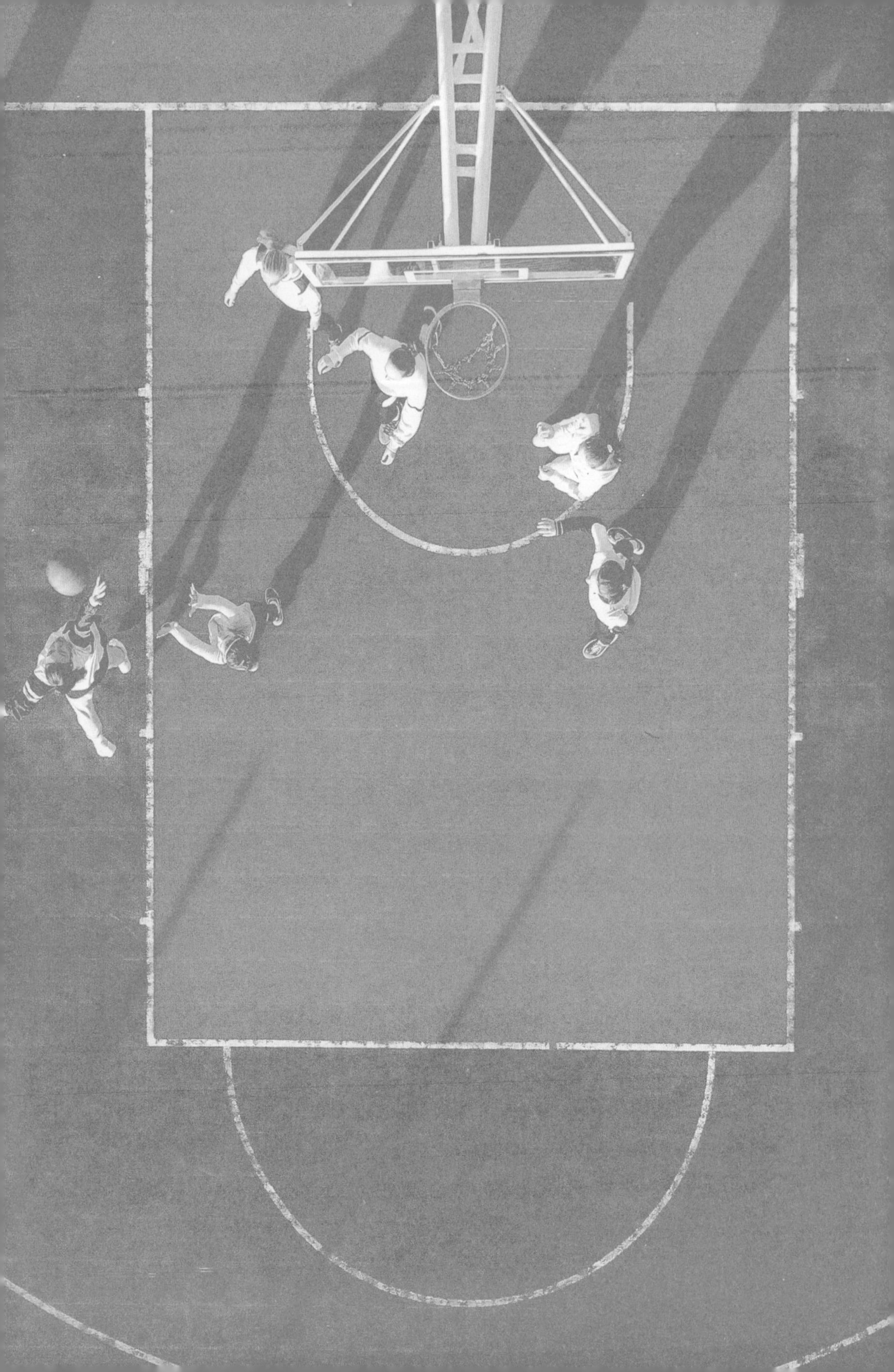

第四部分
篮球运动帮助体脑共训

1. 篮球与孩子的大脑发育
2. 学篮球对孩子认知能力的锻炼

曾和国际篮联世界教练员协会执委米兰·奥帕西奇聊孩子打篮球的事，我说中国的孩子到了初中、高中就没时间玩篮球了，因为有中考、高考。老先生听了差点跟我急了："IQ 知道吗？打篮球是能提高 IQ 的，传球、突破，孩子做每一次决定都能提高 IQ！"

米兰是塞尔维亚人，现在也是国际篮联中国区的特别顾问，在他的国家，孩子们很早就开始参加体育锻炼，放了学就会到不同的体育俱乐部去训练。看篮球的人都知道，塞尔维亚队能和美国队掰手腕，他们没有美国球员那样的身体素质，全靠球场上的团队合作和智慧，以巧取胜，怪不得米兰要跟我强调打篮球能提高孩子的智商（IQ）。智商受遗传的影响很大，但它不是一成不变的，它会随着年龄的增长而变化，也会因环境、教育和体育锻炼而改变。

1. 篮球与孩子的大脑发育

人的脑容量是非常巨大的，我们的大脑至少有 860 亿个神经元细胞，能形成 100 多万亿个神经元连接，每秒可以处理 300 亿个指令。现代科学认为，每个人的潜力、潜质相差无几。一些科学家对人的大脑进行研究后证实，影响人智商的脑细胞大体相当。一个人一生所用的脑，其实不及总脑容量的 10%，大脑的无限容量和潜能是每个人与生俱来的，但是如何调动和开发潜能，则和我们的成长环境密切相关。

在篮球运动中，孩子们面对的是快速变化的动态状况，赛场上情况瞬息万变，他们不但需要敏锐地观察这些情况，还要准确、快速判断，及时作出反应，使用如传球、运球、抢球、滑步抢位、投篮等动作来应对。孩子们对篮球技术与战术的理解与掌握程度及运用状况也是其智力的直观反映。在篮球场上，这些技战术的学习和运用，不仅可以提高人体运动机能，还可以增强神经中枢的灵活性、协调性和合理支配器官的能力，并且对提高智力结构中的知觉组织因素群及全面开发智能也具有重要影响。

篮球如何影响孩子的大脑发育

儿童大脑需氧量占整个人体需氧量的 50%，体育锻炼消耗大量的能量，为了满足运动的需要，新陈代谢加速、血液循环增强，从而保证大脑获得充足的氧气和能量。大脑工作时的能量来源于血液中的葡萄糖，体育锻炼还可使体内胰岛素正常工作，使大脑处于兴奋状态，更好地发挥"聪明才智"。

苏联原教育科学院科尔佐娃教授用电脑测验法，对出生 6 个星期的婴儿进行研究。结果表明，经常帮助婴儿屈伸右手，能加速婴儿大脑左半球语言中枢的成长。这也说明，手的运动有助于人脑的发育。篮球运动涉及传接球、运球、投篮、抢篮板、防守等基本的技术，这些技术的完成需要练习者协调的四肢，其中手的作用不可忽视。

20 世纪 70 年代，科学家用生物学和细胞计数技术进一步确定，大脑细胞在青少年阶段增长得最快。因此，在这一时间段进行篮球运动，让双手得到良好的锻炼能够有效刺激大脑的生长发育，有利于青少年智力的进一步开发。

有研究表明，经常参加篮球运动的人，不但脑体内核糖核酸数目有所增加，而且脑细胞中三磷酸腺苷（ATP）的合成速度也会加快，从而使脑神经细胞得到充分的能源物质，有利于智力的提高。在篮球运动中，复杂的动作组合和战术变化可以使练习者始终保持"新鲜"的感觉，就像锻炼身体会增强力量和耐力一样，学习新东西也可以锻炼大脑，促进脑的发育。如果总是重复自己熟知的内容和方法，大脑的生长和发育就会变得缓慢。在篮球训练中，动作难度的提高，会使大脑得到更多的刺激，强度也随之加大，从而使脑神经细胞得到充足的营养，延缓脑细胞的衰老。

篮球可以提高大脑的工作效率

孩子的运动协调能力和认知能力是同步发展、彼此支持的。一般来说，运动激活的脑区和认知需要的脑区是重合的，所以运动的意义并不只是为了让孩子学习累了放松一下，而是保证并促进记忆和信息处理速度这一重要基础能力继续发挥作用。

按项群分类方法，篮球运动属于同场竞技类对抗项目，技术动作繁多，需要充分调动身体各部位进行协调配合，耗费的体力较多。在运动过程中，孩子的心血管系统机能将得到很大程度的提高，同时中枢神经系统也会得到有效的调节，大脑则能得到一定程度的休息。在打球时，孩子的运动中枢变得兴奋，有效抑制了其他中枢的活动，增加了大脑血流量，加快了大脑代谢物的运输速度，在很大程度上提高了大脑的工作效率。

充足的睡眠是提高大脑工作效率的重要保障，睡眠不足时，大脑各个区域的表现都会变差。创造力、思考力、认知功能、解决问题能力、记忆力，这些都跟睡眠有关。篮球运动不仅能帮助孩子们消耗多余的精力，运动时增加大脑供氧，改善大脑处理问题的能力和运转能力，还可以释放一些化学物质，改善情绪，并起到保护脑细胞的作用。

看不见摸不着的球商

看篮球比赛的时候，我们经常会发现有些孩子的表现在技术统计上不怎么样，没有出色的得分，也没有亮眼的篮板，但是教练知道，想赢球，得让他上场。球商看不见摸不着，但是有经验的教练还是可以根据球场上的表现来判断：

- 打球效率高，不会无效地在球场上到处跑。
- 能够抓住较好的传球时机。
- 观察力强，能根据场上的变化随时调整自己的行动。
- 无论有球还是无球，都能够在合适的时候出现在合适的地方。
- 技术水平一般，但是能运用所掌握的技术合理地处理球。

这样的球员知道什么时候用什么样的技术，打什么样的战术，这不仅仅是篮球技术能力强的表现，更是融合了他对比赛的观察和理解，我们一般会评价这个球员球商比较高。球商高的孩子总是能在球场上表现出预见性，就像优秀的象棋选手一样，他不仅能看到下一步怎么走，还能预判接下来的好几步。

如果你的孩子打篮球，他平时看比赛，也许和队友一起看，也许自己看，这时候他看球就不会仅仅看热闹了。看自己的比赛，他会看自己的问题在哪里，全队的问题在哪里，还会思考怎么能打得更好。看高水平的比赛，他会看球星是怎么打挡拆配合的、怎么拉开空间的、怎么得分的……这时候，看比赛的过程升级成了学习的过程。

在练球或比赛的时候，孩子们会发现：如果球的弧度这么高，篮板可能会去那里；在什么样的情况下防守会失去重心，怎么突破对手；什么情况下队友会出机会……这些线索在每一次对抗训练中都会慢慢积累成经验，形成下意识的反应。比如你问一个孩子："你怎么知道这个反跑会出机会啊？"孩子很有可能会回答："不知道啊，反正我就知道这球我能传过去。"其实这是千百次练习的结果，他知道根据所有小小的线索，这次传球是安全的，不会被破坏。他们的观察能力和经验都在下意识中锻炼，从而得到提高，当然这种能力也会迁移到生活和学习中。

在比赛中，孩子还要关注很多细节，如比赛还有几分钟、几次暂停、谁今天手比较热、对方谁的防守比较弱，面对身材高大的队员要先用身体堵对手再去抢篮板、面对比自己身材小的对手可以到篮下去利用身高进攻，是不是再多传一次球就能得到更好的得分机会……

大脑越用越灵活，这已经被科学所证实，在打篮球的过程中，孩子不仅仅是在出汗、消耗精力，他们还在不断地学习、观察、反应，在不断提高球商的同时也提高了大脑的"聪明劲"。

2.学篮球对孩子认知能力的锻炼

认知能力是人脑加工、储存和提取信息的能力，即人们对事物的构成、性能与他物的关系、发展的动力、发展方向以及基本规律的把握能力。认知能力是人们成功完成活动最重要的心理条件。

观察能力和注意力

运动技能的提升可以有效增强大脑神经通路的整体活跃度，促进孩子视觉认知功能的激活。在篮球运动中，孩子为了灵活巧妙地使用攻防技术和战术，不仅要注意球的转移、篮筐的位置，还要注意队友和对方球员的各种行为，并随时作出判断，及时采取合理的应答措施。因此，孩子打篮球对改善各感受器，特别是视觉感受器的功能，以及广泛分配和集中注意的能力有促进作用。

研究表明，在篮球运动中，虽然新老队员在反应时上无显著性差异，但对一般信息老队员比新队员的注意次数少，每场比赛老队员平均为3.3次，新队员平均为4.9次。老队员能够注意比较重要的关键信息，减少了观察注意次数，这也说明经常参加篮球运动可以有效地提高注意力。

我们都希望自己的孩子反应快，那么就要锻炼孩子的身体反应能力。大脑指挥行动，因此反应能力可以理解为孩子思维的反应速度，专注力可以理解为孩子的注意力，要想反应快，注意力也需要进行锻炼。

在篮球场上，我们经常会做碎步练习，来提高脚步的灵活性和频率。在练习的过程中，往往会设定一些变化的动作来增强练习的趣味性，比如教练手往上指代表起跳双手空中击掌，手往下指代表双手摸地，手往左边指代表左转胯，手往右边指代表右转胯等；教练吹哨时给出手势，孩子看手势做出相应的反应动作，比一比谁反应快。根据我的经验，在这样的情况下，所有孩子的注意力都会非常集中，竖起耳朵听哨声，睁大眼睛看手势，因为谁也不想做错方向，每个孩子都会争抢第一名。

在热身环节，篮球训练营里经常玩"老虎来了"的游戏。年纪小一点的孩子就让他们徒手或者抱着球玩，年纪大一点的孩子就让他们运着球玩。这个游戏不但能达到热身的目的，还能提高注意力、快速反应能力及变向跑的能力。

游戏规则是这样的：所有人在中场线后站成一排，扮演"小羊"；教练在前面，扮演"老虎"。教练在前面做脚尖走、脚后跟走及向前踢腿跳、侧向踢腿跳、熊爬等动作，孩子跟着教练一起向前做，当教练转身说"老虎来了"，孩子立即转身逃跑，不让"老虎"抓到，跑过中场线即为安全区域。

一般教练当"老虎"的时候，总是会把"老虎来了"喊得特别响，转身也特别快，但是去抓"小羊"的时候，经常一只都抓不到！有的时候假装马上就要抓到了，但又会让"小羊"逃走了。人与人之间发生身体接触，或者差一点就要碰到，是一种非常有效建立连接的方式，可以增进教练和孩子间的信任，当然，家长也可以这么做。适当地让孩子赢，这有利于帮助他们建立自信。教练扮演几次"老虎"都没有抓到"小羊"的时候，有些孩子就会踊跃地争当"老虎"了。

在这些练习中，孩子的视觉系统和听觉系统都会被充分调动起来，并且通过观察，大脑指挥身体进行快速反应。目的明确的观察能更好地锻炼孩子的观察力，无目的的观察是不会有收获的，观察的目的越具体、越明确，观察的效果就越好。孩子天生就有竞争性，这种天性在游戏中被激发，孩子在活动中体验乐趣，主动性也就会被激发出来，主动去看、主动去听、主动去反应，从而不断提升注意力和观察力。

思维能力和记忆力

哈佛医学院斯科特·麦金尼斯博士说："我们知道运动像药物一样，可改善思维能力和记忆力，这是有许多科学根据的。"

运动可以提高思维能力和记忆力，主要为生理改变，如降低胰岛素耐受、降低感染风险、刺激生长因子生成，这些生长因子是大脑中会影响脑细胞健康的化学物质，能促进大脑新血管的生长及保持脑细胞的存活。许多研究显示，运动的人比不运动的人大脑中控制思维和记忆（前额叶皮层和内侧颞叶皮层）的区域大。麦金尼斯博士说："更令人兴奋的是，研究发现进行超过6个月或1年中等强度运动的人，其大脑的这部分区域更大。"

篮球攻守双方技术和战术的运用，都是在实际进展过程中根据对方的所作所为加以推测和作出判断，并迅速作出实际反应，然后在实际行动中不断对自己的技战术进行更正和完善。这一系列复杂的过程，需要十分敏捷的思维活动，若稍有迟缓，就会造成失误。也就是说，孩子在接受篮球训练的时候不断地挑战大脑，坚持用脑。迅速变化的活动环境，需要有相当积极的思维活动，这样必将促进思维能力和记忆力的提升。

还有科学实验证明，经常从事运动可增强大脑组织缓冲性的抗酸碱能力及氧化酶系统功能，有助于记忆力和思维能力的提高。在篮球运动中，随着技术的熟练、所用动作的多样化和战术的灵活运用，可在大脑皮质中形成复杂而广泛的神经环路，增加突触联系。多种刺激的重复和联系有利于提升记忆力。这是因为脑细胞体和细胞核明显增大，神经末梢肥大，且细胞间的联系点即突触也增多，负责传递记忆信息的化学递质也有所增加，从而为大脑的记忆奠定了物质基础。

运动还可通过间接的方式提高思维能力和记忆力，比如运动可改善心情和睡眠，缓解压力和焦虑，从而提高记忆和思维能力。海马体是大脑中负责调取旧记忆和塑造新记忆的部位，长期处于压力状态可能会损坏脑细胞和海马体。孩子们在学习、生活中难免会有一些压力和焦虑，通过运动场上的精神释放来缓解这些心理压力是非常有必要的。麦金尼斯博士提醒：由于不少研究显示运动超过6个月可获得认知益处。因此需要耐心，让孩子养成运动习惯是最好的方法。

天赋在某种程度上决定了思维能力，但后天的教育、训练对思维能力也有很大的影响。想要提高孩子的思维能力，第一步就是要激发孩子的求知欲和内驱力。就像前文中的小琦，在输掉省级比赛决赛后没有哭闹，也没有消沉，而是反复看自己的比赛录像，分析并发现自己的不足。因为他已经明白了自己需要什么，在残酷的竞技场上，想赢，就要不断完善自己，这样才能登上更高的舞台。篮球比赛点燃了他的求知欲和内驱力，随着年龄的增长，技战术不断提高、强化和熟练，对抗也会愈发激烈，而他所需要的观察、判断、学习、分析欲望会更强，思维也会变得越来越敏捷。

应变能力和创造力

2020年在塞尔维亚打东京奥运会资格赛的时候，姚明曾经问过我一个问题："你觉得篮球运动员天赋和勤奋哪个更重要？"我想了想说："相同的条件下，勤奋决定了球员的下限，天赋决定了球员的上限。"篮球比赛是体力与智力的最佳结合，运动员不是仅靠勤奋就可以站到最高领奖台的。

天赋表现在什么地方呢？场上的应变能力和创造力体现得最为明显。我记得曾经问过张德华教练当年是怎么选中我的，她说："记不记得那次杭州市比赛，有一次快攻，你抢到球后看见前面队友空了，运那两下球就知道你没学过几天篮球，然后像抡大刀似的把球传了出去，动作不好看，效果却很好，很有创造力。那是我第一次见你，也不了解你，之后再观察了一下，我就知道你有天赋了。"那是我参加的第一次正式比赛，刚到体校练篮球不到半年，说实话，当时我在队里个子最高，教练安排我打中锋，除了队长比赛前嘱咐我抢篮板，其他我都是蒙的。张教练讲的那个球我也记不起来了，但是可以肯定的是，那是我在球场上下意识的应变能力和创造力。

在篮球比赛中，球员需要根据对方的行动变化，迅速合理地采取针对性的行动，你变我也变，达到攻克对手或者抑制对手的目的。尤其是在双方势均力敌、比赛到拉锯状态时，运动员的应变能力往往关系到全局的胜负。

意外、打破常规，是创造力的核心，但必须是既意外又有效的选择。有想象力才能够打破常规，才能跳出常规的条条框框，令人意想不到；有决断力，必须对当前的局势有全面的观察和认识，做出的选择能有效解决当下面对的问题，让球队获利；想象力＋决断力，做出打破常规又能让球队获利的选择，这才是球场创造力的本质。

创造力是可以被培养的，对于孩子们来说，培养他们创造力的前提是让他们在场上有观察、思考、决策的能力，所以训练中我们常常要进行结合比赛的练习。比如传球，要练习各种不同的传球方式，如左手肩上传球、右手击地传球、双手头上传球等，目的就是在比赛中根据防守所处的位置能有更多的传球方式选择来提高传球的成功率。经过一段时间的原地练习，我们会通过"耍猴"这样的游戏来进行实战模拟练习。孩子3人一组，两人在固定的范围内传球，另一个孩子扮演"猴子"在他们之间来回移动抢球，传球的孩子需要观察"猴子"手、脚、身体的位置，来决定使用什么传球方式将球安全传给同伴；"猴子"会不断地变化自己的防守姿势试图抢断球，所以传球的孩子要观察并抓住稍纵即逝的空当机会来传球。孩子们用各种假动作虚晃"猴子"，有时候跨步，有时候趴下，有时候假装跳起来……如果有机会你可以去看看自己的孩子是怎么玩的，他们的创造力可能会超出你的想象。

除了相对固定的练习方法，在训练中我们还会构建各种场景，帮助孩子提升他们的决策能力。比如进行半场3打2，规定防守的阵型是串联还是并联，这样就能锻炼孩子在进攻中遇到不同防守阵型时的选择能力，当他们经历的选择足够多时，到正式的比赛中，自然就能下意识地做出具有创造性的选择了。

对于培养孩子的应变能力和创造力，仅有练习方法上的变化是不够的，我们还需要让孩子产生创造力的原动力。孩子在训练和比赛中，要始终处于正反馈的环境中，让他们保持对篮球的热爱，有充足的自信心。如果孩子一出错就会受到批评，他们经常考虑的就是"我不能失误，失误了教练肯定会骂我""爸爸好不容易来看一次我的比赛，我可得稳点"，诸如此类的想法会限制孩子的天赋。他们的应变能力和创造力是基于自己的观察自发形成的，是发自内心的，孩子们在训练和比赛中做出一些创造性的选择时，教练和家长一定要先鼓励，让孩子知道，创造是被鼓励的，他可以充分发挥自己的创造力。

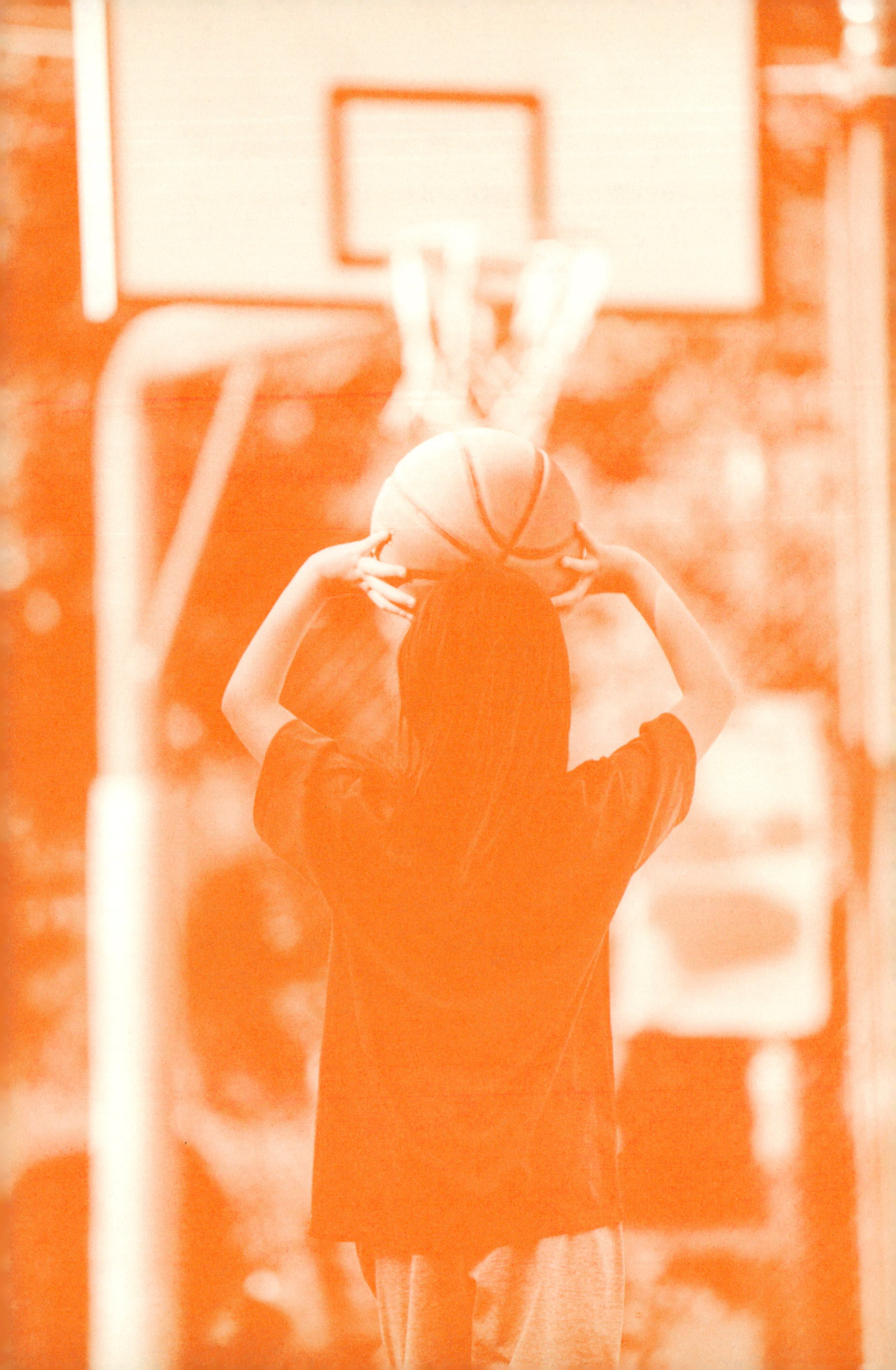

第五部分
学篮球,从什么时候开始

1. 孩子身心发展的程度
2. 尊重孩子的意愿

2014年,我受邀成为中国大学生体育协会与NBA合作举办的校园教练员培训班首席翻译,之后陆续参与了一些初高中教练员的培训活动,很多年轻的教练员和孩子家长会问"什么年龄段让孩子学打篮球最好?"我认为没有最好的年龄,无论是孩子还是成年人,任何年龄段都可以开始打篮球。但是不同的年龄开始打篮球,出发点和收获肯定会有一定的区别。

每个人生长发育的速度是不一样的,所以要确切地说几岁最合适开始学习打篮球,几乎不可能有答案。篮球运动的本质是游戏,但是它也是一项较为复杂的游戏,孩子的心智需要到一定的程度才可以参与进来。现在有非常多的体育培训机构在不断地开发各种简单的练习方法,来帮助孩子尽早接触篮球,享受篮球的乐趣。

篮球是一项以投篮为唯一得分方式的游戏,谁在规定时间内得分越多,谁就获得胜利。李杰凯团队对"运动娱人致趣"进行了多年的研究,在同场对抗球类比赛中,投篮命中会使人们激情振奋,欢呼雀跃,球员通过命中得分，感受到即时的运动快适，同时也将获得心灵层面的愉悦。进一步将投篮分为命中（短距离）、可能命中（中距离）、不能命中（远距离）三种情况进行研究，结论显示，可能命中的状态使人产生的愉悦感最强。

也就是说，孩子至少长到有可能投中篮的高度和有足够的力气，这个时候打篮球能够获得的乐趣会更多一些。感受运动愉悦、提高参与的兴趣是学习篮球运动最本真的目的。"个头小一点，篮筐低一点，场地小一点，适合不同年龄段的孩子。"小篮球的普及和发展，为孩子们提供了更多选择空间，在硬件条件允许的情况下，家长们更多地要考虑其他的问题了。

1. 孩子身心发展的程度

人从出生到衰老，在心理和生理方面都要经历一个变化的过程，儿童期的发展变化是我们最为关注的。"让孩子赢在起跑线上"已经成为很多望子成龙、望女成凤家长的座右铭。一个暑假，篮球班上一个四年级的孩子跟我说，他爸爸给他报了8个培训班，抱怨一周就让他上一次篮球课，太少了。家长盲目跟风报各种补习班，为了赢在起跑线上，家长们或自愿或被迫地"偷跑""抢跑"，底线也被不断突破。等孩子长大了，他们没有可以怀念的快乐童年，只有无尽的补习班。

儿童身心发展有五大规律：顺序性、阶段性、不平衡性、互补性和个别差异性。身高、年龄和心理的发展存在不同步性，个体之间也存在差异，因此，什么时候可以做什么事情，我们在对待每一个孩子时都应该考虑他的身心发展程度，遵循科学规律。

年龄和身高的问题

从年龄角度来看

我的女儿是从6周岁多一点开始学打篮球的,每周六、周日各练习2小时。当时我还没有接触小篮球,大学里只有3.05米高的成人篮筐,所以当她投中第一个球的时候,我决定开始带她学打篮球。

6岁,也成了我们"淘乐奇"篮球班的入门年龄,低于6岁的孩子,我们都不收。其实不是低于6岁的孩子不能练篮球,而是因为当时我们没有那么多的精力和人手来分组教学,也没有适合不同年龄段的小篮球架。在更小的时候,每一个孩子都应该被专门对待和指导,因为他们的天赋、运动能力、发育速度一天一个样地在变。

我自己是14岁开始打篮球的,在那之前我一直在学校练田径,所以我有一定的运动基础。这也是我通过5年专业系统的篮球训练就成为专业球员的原因之一。

金州勇士队的斯蒂芬·库里5岁就开始打篮球,休斯顿火箭队的哈基姆·奥拉朱旺15岁开始打篮球,犹他爵士队的马克·伊顿22岁才开始打篮球,这些人在不同的年龄开始打篮球,但他们都取得了非凡的成就,成为家喻户晓的篮球明星。所以说,年龄不是判定孩子是否可以开始打篮球的唯一条件,但也是重要的条件之一。

从身高角度来看

"球门应平放在高处。"这一特点让篮球运动有别于其他同场对抗的球类项目,球员不会像足球、冰球那样大力直接攻门,而是更注重技巧。

随着小篮球的推广,篮筐高度也有了明确的规定,2.35米的高度让很多之前觉得投不到3.05米高篮筐的孩子有了信心,每个年龄段孩子都有了适合他们的篮筐高度（图1）。但是由于社会发展的限制，这样高度的篮筐在社区还是不容易找到的，更多地会出现在各类体培机构中。

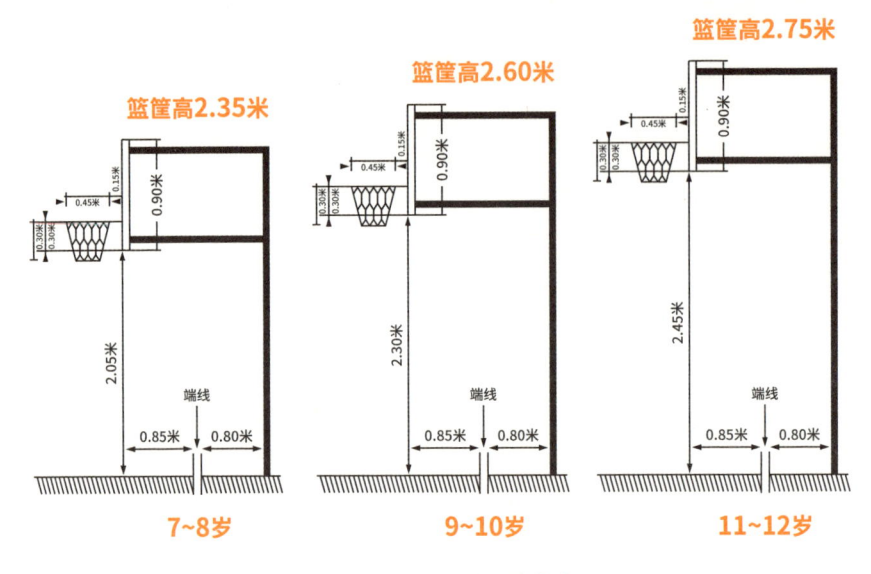

图1　标准小篮球篮筐高度

孩子的身高和力量能够将球投进篮筐，可以体验"可能命中"带来的愉悦感时，就完全可以开始打篮球了。

孩子的心理发展程度

人的身心发展是一个由低级到高级、由简单到复杂、由量变到质变的连续不断的过程，每个孩子的身心发展速度也是不一样的。有的孩子很小，摔倒在地上，站起来，拍拍身上接着跟小朋友们一起玩了；有的孩子长得都很高了，却会因为跟小朋友撞了一下而大哭不止，没有办法控制自己的情绪。

尽管篮球运动可以使孩子坚毅和勇敢，但是在最初的时候，你还需要判断一下孩子的身心发育程度。如果孩子还没有准备好，最好还是缓一缓，以免再跟心理成熟较早的孩子进行比较，不但对孩子建立自信没有好处，家长也会跟着焦虑。

　　同事的儿子宣宣，6岁，前面说过他的故事。同事第一次把宣宣送到我这里后就去办公室忙工作了，尽管宣宣开始也表现出对妈妈的依恋，但是在孩子们的陪伴下他很快就忘记了，他会往成团的孩子那里凑，一来二去就熟了。还有一个同事的孩子小马就不一样了。我清楚地记得几次小马来打球的情景：

> 　　小马差一点6岁，瘦瘦的，妈妈一边推着小马，一边嘴里念着："你看，都是跟你差不多大的小朋友，跟他们去玩吧，妈妈就在边上等你行不行？""你怎么这么娇气啊，我不管你了！""你看人家玩得多好啊，你就非得妈妈陪着呀？"孩子什么也不说，就是抱着妈妈的腿哭。
>
> 　　我和同事也会去帮忙："来呀，小马，咱们跟小朋友一起玩游戏吧。""我们去拿个球拍一拍好吗？"怎么劝都不行。我们跟孩子妈妈商量后，妈妈决定把孩子送到就走，哭就让他哭一会儿，我们哄哄他，跟孩子们玩一会儿可能就好了，但事实上却没有那么顺利。
>
> 　　开始他就追妈妈，实在追不上就哭。好不容易把他哄不哭了，他也没心思跟大家玩游戏，一个劲儿往门口看，等着妈妈出现。几次以后我们也放弃了，跟他妈妈商量，晚一点再来吧。
>
> 　　一年多后他再来，不但身高长了，身体也看上去强壮了很多，我开玩笑说："还找妈妈吗？再哭我可不要你哦！"他还是不吱声，拉着妈妈的手，看着我笑笑，摇了摇头。听到哨声，在老师的指引下他飞快地跑到场地上跟孩子们一起做准备活动去了。

　　对我们大人来说，也许一年什么都不会改变，可是对孩子来说，一年的变化可就大了。孩子6岁左右还很黏人，爸爸妈妈可能会自我怀疑：我家孩子怎么这么娇气？怎么这么脆弱？怎么都学不会独立？小马的妈妈不止一次地跟我们吐槽，这孩子一点都不像他姐姐，特别黏人，孩子就在旁边紧紧抱着妈妈的腿，一脸的伤心。

其实黏人不一定代表孩子不勇敢，也不一定代表孩子不能独立，他只是还没有准备好自己一个人面对世界。美国心理学家爱利克·埃里克森关于人格发展八个阶段的研究认为，孩子3～6岁时为幼儿期，这期间主要的发展任务是获得主动感，克服内疚感。这个阶段有一个显著的心理发展需求——人际交往。此时孩子进入幼儿园，需要主动或被动地与他人接触、交往，有的孩子在这个阶段人际交往的能力发展比较快，但也有一些孩子发展比较慢。所以在这个时期，比起责骂、指责和批判，接纳和理解孩子才能更好地让孩子慢慢度过这个时期，对于发展慢一点的孩子，我们还需要一点点耐心等待。

"小小孩儿"也能玩篮球

说了关于年龄和身高的条件后，有的家长还会提出另一个问题："我的孩子没到5岁，也投不到篮筐，但是特别喜欢篮球，一看见篮球就开心，该不该让他学篮球呢？"答案当然是肯定的！

兴趣是最好的老师，全世界的教育家都这么说。小朋友可以在篮球运动中找到很多乐趣，而且是大人难以想象的乐趣！

> "淘乐奇"是我和另外两个同事组织的篮球班，初衷是培养家属区孩子们的篮球兴趣，入门年龄规定为6周岁，基本上得上小学一年级。前几年有个例外，是我老师的外甥女欣欣，还不到5周岁，在上幼儿园。我抱着试一试的心态接收了她，如果真的不行，就只能再跟老师说晚一点再让她来了。

欣欣真的太小了，长得像个芭比娃娃，特别好看，好像篮球对她来说都太沉了。准备活动完了以后，我让她先练练接球，首先要克服对球的恐惧，敢接球才能玩篮球呀！直接抛球让她接肯定不行，因为她的反应能力还没有到那个水平，所以我决定让球在地上反弹一下，然后再让她接。

我蹲下身跟她说："欣欣，老师把球抛在地板上，球弹起来的时候你把它接住，好不好？"她盯着我看了半天，然后点点头说"好"。我轻轻地将球抛在她的右侧，球反弹的时候，她一边脑袋往后躲，眼睛眯起来，很紧张的样子，一边伸出两只小手去接球，"咯咯咯，我接住啦！"

到现在我都清晰地记得她那银铃般的笑声，太神奇了，原来这么简单的任务，就可以让孩子那么开心！跟孩子们相处的日子里，真的一次次刷新我的认知，我也在慢慢了解、学习不同孩子的能力。我需要让他们做"足够接近"现有运动技能的练习，实现"跳一跳能摘到果子"的效果，这样才能更好地调动他们的积极性，发挥潜能，超越他们最近发展区而达到下一发展阶段的水平，然后在此基础上进行下一个发展区的锻炼。

2022年2月，中国女篮去塞尔维亚参加世界杯预选赛，我作为教练组一员在赛后辗转70多天才回到北京。来之不易的自由，周末我迫不及待地去"淘乐奇"上课，想看看阔别已久的小朋友们。

小班里多了一个男孩，润润，5岁多，胖胖的，一脸严肃。他的哥哥在大班练，他总跟着哥哥来，他的外婆请我们也带带润润。正好欣欣和另一个小男孩也跟不上大部队，我刚回来也需要调整一下身体，于是就为他们仨开了个小灶。

和大家一起做完准备活动，我们的小灶就开始了。第一个小挑战是让孩子们向空中抛球，然后直接接住，每人抛接10次，现在的欣欣已经能很快完成这样的简单练习了。可是对刚学球的润润来说，似乎不是那么简单，他很小心地把球抛脱离了手，然后用胸和双手把球接住。1次、2次、3次……慢慢地，他会抛接球了。然后我又给他们提高了一点点难度，球在空中的时候拍一下小手再接球，润润特别认真，开始好几次都没有接住。我在旁边一边反复做示范让他看，一边鼓励他，"再抛高一点点""击掌""差一点就成功了""没关系，再来一次"……终于，他成功了！润润脸上也露出了腼腆的笑容。

之后我们之间好像产生了某种连接，他特别喜欢我给他们安排的练习，比如"运球扫荡腿""毛毛虫向前进"，虽然他在小班的几个孩子里是最小的，但是他都会招呼别人"快一点、快一点"了，笑得也越来越开心了。

有一天练完，大家都走了。我跟同事说，那个润润太好玩了，笑得好可爱，同事惊讶地说："我从来没见他笑过！"慢热的孩子笑起来可能更可爱。

大部分6岁之前的孩子，感知觉能力还非常不成熟，我们可以用很多辅助的器材去帮助他们发展跳跃、变向和奔跑之类的基本运动模式，学得越多、掌握得越多，他们的运动技能也会随之提高。现在很多地方都有色彩鲜艳、花样繁多的训练辅助器材，并且有适合不同年龄段的小篮架和小篮球，小孩子也可以感受投中篮的喜悦和游戏带来的成就感。投不到篮筐也没关系，小孩子有太多运动技能需要去探索、去开发了，我们可以让孩子在篮球运动中找到很多乐趣，他们的好奇心就是最好的钥匙，可以开启他们快乐的大门，让他们开心地在球场上奔跑起来。

2. 尊重孩子的意愿

倾听孩子的心声

在教养孩子的方式上，主流分类有权威式、放养式和民主式三种，很难在其中选一种方式说是最好的，在不同的年龄阶段、不同的处境，需要不同的方式来对待孩子。

权威式的教养容易将孩子逼向极端。一项研究显示，在出现自杀危机的大学生中，父母高学历、职业为教师的竟高居榜首[1]。由于教师等群体的职业特殊性，他们长期习惯于扮演权威的角色，并且有"知识性"的光环，认为自己拥有对书本知识甚至其他人生知识的解释权和教导权。我有一个朋友，他和妻子一个是博士，一个是博士后，对孩子的教育自然也是从严要求的。为了让儿子上个好的小学，搬出了体大家属区，上初中又搬了回来。有一天在小区遇到，他抱怨说，回到体大这边，体育氛围真好，他想让孩子跟他跑步、打篮球，可是儿子都不愿意，叛逆得不得了，小时候让他做什么从来不讨价还价，现在长大了，说什么都不听了。其实小时候言听计从的孩子对家长来说可能并不一定是好事。

放养式教养也许会让你经常有"如果"的念头。著名歌星刘欢在一次采访中表示在女儿教养过程中有一些"后悔"，他和妻子在教育孩子的过程中一直崇尚"快乐教育""放养教育"，尊重孩子的任何想法，不强迫孩子做她不想做的事。女儿有音乐天赋，小时候也喜欢摆弄一些乐器，弹弹琴，但是却不愿意去练琴。"从小没有迫使她学音乐，我觉得有点后悔。其实你迫使她练一练，她可能就很好。有这方面天赋的孩子，还是可以推一把。"世界上真的没有"如果"，孩子的成长也不可能再来一次。

---

[1] 齐凯,王俊,鲁玮,等.大学生自杀相关行为与不同家庭因素之间的关系研究[J].皖南医学院学报.2017,36(5)：493-496.

所谓民主式，就是尊重孩子的意愿与权利，同时又做出一些必要的规则约束，看上去很简单，操作起来却不简单，民主育儿需要积极倾听。你必须专心聆听并准备好进行谈判，以达成双方都可以接受的解决方案或规则。

经常看到网络上的育儿经验讲，在与孩子争执时，尽量不要说"因为我是你妈！"有一次我跟女儿晚上睡不着，开始卧谈，她说："'没为什么，就因为我是你妈''我们都是为你好'……妈妈呀，这些都是育儿大忌你知道吗？你全犯，真是一点也不讲究啊！"我听了哈哈大笑，然后我问："那你能接受吗？"她说能，我又追问她为什么。她说很多事情我都会跟她商量，听她的意见，如果我们意见不合，就会一起分析，最终决定怎么做（她不知道的是，我也运用了我的智慧去引导讨论的发展走向）。确实是这样，即使有的时候我强势地说"因为我是你妈"这句经典台词，也一般都会用很滑稽的口吻，听上去就没有那么"专横"了。

然而有些事情的处理上我会强势一些，比如平板电脑只能一次玩15分钟，一天玩5次，当然也是跟女儿商量后约定的。在执行上，她总是会不自律，即使我曾尝试让她定闹钟，事实证明，孩子还是需要强制管理一下的。有时候我也会放养，比如要不要报学习班的问题，尽管很多同事都给我敲警钟，但我还是尊重女儿的意愿，多玩一点，学习在学校学就行了。

在学篮球这件事上，如果你跟孩子的意见出现了分歧，最好的办法是商量，让他先去尝试。可以约上孩子最好的朋友一起去学，还要找一个值得信赖的机构，这样有助于在初期让孩子解除戒备。

著名心理学家阿尔弗雷德·阿德勒曾说："幸福的人用童年治愈一生，不幸的人用一生治愈童年。"倾听孩子的心声，和他成为朋友，童年对孩子一生幸福的意义重大，尊重孩子的意愿，让每一个孩子都有一个美好的童年，每一个家长都不用惦记"如果"。

引导而不是强迫

琪琪说我是一个既专制，也纵容，又民主的妈妈。

我先生是跳远运动员，最好成绩 8.19 米，这是一个很了不起的成绩，女儿一出生，他就觉得孩子应该练跳远，因为个人项目只要自己努力就可以成功，他相信女儿的基因加上他的指导，一定能有一番成就，我没有反对。

2013 年 12 月，我在杨百翰大学夏威夷分校担任男篮助理教练，先生趁寒假带着女儿去夏威夷看我。那时正值美国 NCAA 男子篮球联赛赛季，球队主场就在大学校园的体育馆。美国校园的体育文化氛围真的很好，学生球迷都非常热情，有时候体育部会给来看球的学生发印有"the sixer"（第六人）字样的 T 恤，让每个人都感觉下一个上场的是自己；有时候发欢呼棒，粉丝们经常做各种样式的加油牌子；还有打扮成土著人来喝彩的……一到主场比赛的日子，感觉整个小镇的人都会去体育馆，像欢庆节日一样度过快乐的一晚。我们的主场还有一个惯例，只要球队得分超过 100 分，无论输赢，体育部就会给全校的师生发冰激凌。"爸爸，快去领冰激凌！" 5 岁的琪琪一到可以吃冰激凌的时候都格外开心。可能因为我是中国来的女教练，也是到美国大学男篮做助理教练的第一人吧（客场去那穆尔圣母大学比赛的时候，学校的女篮球员赛后告诉我的，还表示说真想像我一样出色，哈哈），体育部的人都知道我们一家，总是会给琪琪"特殊照顾"，不用排队！

经历几个主场后，一个周日的早上，先生早早起来做好早餐，跟我们说："今天咱们去 Waikele 吧！"那是夏威夷的奥特莱斯购物中心。我正想说没什么要买的呀，他接着说："昨晚比赛完我问琪琪了，练田径还是练篮球，她说还是练篮球吧。所以，咱们去给她买点装备吧。"我就知道会有这一天，孩子和大人都一样，引导比强迫更有效。

在孩子成长的道路上，家长总是会不自觉地要求孩子按照自己的想法来，剥夺孩子们自我选择的权利，如果没有达到预期的效果就会焦虑不堪。有效的引导，让他们切身体会到你要求他们做的事情是有趣的、有意义的，或者说是对他好的，只有孩子自己从思想上认同了你的想法，才能够把事情做好，并且不会对亲子关系有负面影响。

女孩能打篮球吗？

近几年来国际赛场上总是能看到中国女篮的身影。2020 年 2 月，中国女篮在塞尔维亚三战全胜获得东京奥运会入场券，之后东京奥运会上中国女篮又以小组全胜的战绩打入八强赛，最终追平奥运历史第三好成绩而获得第五名。2022 年 FIBA 女子篮球世界杯，中国女篮再次登上了领奖台，时隔 28 年获得银牌，追平篮球项目中国历史最好成绩。作为中国女篮团队的一员，我无比骄傲，篮球不止是男子运动，女子也有半边天！

人类从远古走来，已经有几千年的文明史，随着社会的发展和人类文明的进步，女性自我意识开始觉醒，在政治、文化、经济等各个社会领域中的影响逐渐加强，女性体育的社会价值也不断显现。中国女性在世界赛场上取得的成绩令人瞩目，在竞技体育领域甚至出现了"阴盛阳衰"的现象。2020 东京奥运会三大球项目女子全部获得资格，而男子仅三人篮球获得了入场券。

女孩和男孩一样，她们能够学习和男孩一样的运动，她们的学习能力与男孩并没有什么不同。科学家们通过实验证明，女孩子的认知能力比男孩子发展得要早一些，还发现幼年时期女孩子的骨骼、肌肉和神经发育都比男孩子快。但在青春期之前，男孩与女孩的体格发育就相当接近了，而过了青春期，男孩开始比女孩发育得更快、更强壮。这是因为在雄性激素的作用下男孩的新陈代谢更旺盛，从而促使心肺增大，以适应氧气和血液用量的增加。

对女孩来说，打篮球有很多的好处，例如：

- 篮球是一项充满活力的运动，它可以帮助女孩达到所需的健康水平。
- 定期练习篮球可以增加女孩身体的灵活性，提高速度、耐力等身体机能。
- 提高女孩的自信力。
- 锻炼女孩的坚毅力。
- 培养女孩的规则力。
- 帮助女孩了解团队合作的重要性。
- 非常自然地培养女孩解决问题的能力。
- 不同等级的比赛让女孩有机会展示自己的才华。
- 许多大学为女子篮球运动员提供篮球奖学金。

……

2022年的身高标准表显示，女孩5岁时应该至少达到110厘米，10岁时应该达到140厘米，到了18岁时，最少也应该有160厘米，这样才能达到平均水平。而男孩，5岁时应该有111厘米，10岁时应该达到140厘米，而到了18岁，男孩应该至少要有173厘米。从表4中很容易发现，1～9岁的小孩，不论男女，身高发育程度都是差不多的，男孩会比女孩略微高一点。到了10～12岁，女孩发育早一点，在10岁时身高标准与男孩持平，甚至在十一二岁的时候平均身高高于男生。

除了身高，青春期以前男孩和女孩身体发育的各形态指标差别不大，多数指标男孩略大于女孩。因此，12岁以下的男孩女孩可以同场竞技，比如学校会组织以班级为单位的篮球比赛、足球比赛。世界各地的迷你篮

表4 1~14岁男女身高标准（2022年版）

年龄	身高/厘米	
	女孩	男孩
1岁	75	76.5
2岁	87.2	88.5
3岁	95.6	96.8
4岁	103.1	104.1
5岁	110.2	111.3
6岁	116.6	117.7
7岁	122.5	124.0
8岁	128.5	130.0
9岁	134.1	135.4
10岁	140.1	140.2
11岁	146.6	145.3
12岁	152.4	151.9
13岁	156.3	159.5
14岁	158.6	165.9

球（小篮球）比赛经常有男女混合参赛的规定，一般12岁以下的队伍都可以男女混合组队，12岁以上基本就开始有专门的女子组比赛了。

women之间也是有区别的，有的女孩安静，有的女孩调皮。"淘乐奇"有个女孩8岁，她妈妈是一名优秀的跳高运动员，受遗传因素影响，8岁的她比好几个10岁的男孩都高。高挑的身材，修长的四肢，竞争意识非常强，来练了没几天就跟我说："老师，我要打比赛！"虽然她连球都还运不住，但是她有出色的运动能力，和男孩子一起抢球、追着跑一点都不吃亏。这个年龄段在打比赛的时候规则会放宽松一些，所以她抱着球跑几步我也不吹她走步违例，投篮根本没有谱，就往篮筐上扔，别小看这"瞎扔"，有一次还真扔进去了，全场都为她喝彩！有一天到场地早，她妈妈拉着我聊了会儿天："真是找到组织了！每周我都得送她来，让她在球场上把精力消耗消耗，回家就老实了，要不折腾人啊！"

如何对付一个精力旺盛的小孩？不管男孩还是女孩，把他们送到篮球场吧，追着、抢着橙色的小篮球，开开心心地消耗掉过剩的精力，又学到一项终身受益的体育技能，何乐而不为呢？少年强则中国强，在篮球运动中享受乐趣、增强体质、健全人格、锤炼意志，不止属于男孩。

就像《我们这十年》里的台词一样：人生不是考试，它没有标准答案，适合你的才是最好的。孩子什么时候开始打篮球好？父母是打篮球的，孩子一定要打篮球吗？女孩子能打篮球吗？诸如此类的问题也一样，没有标准答案，适合自己孩子的才是最好的。

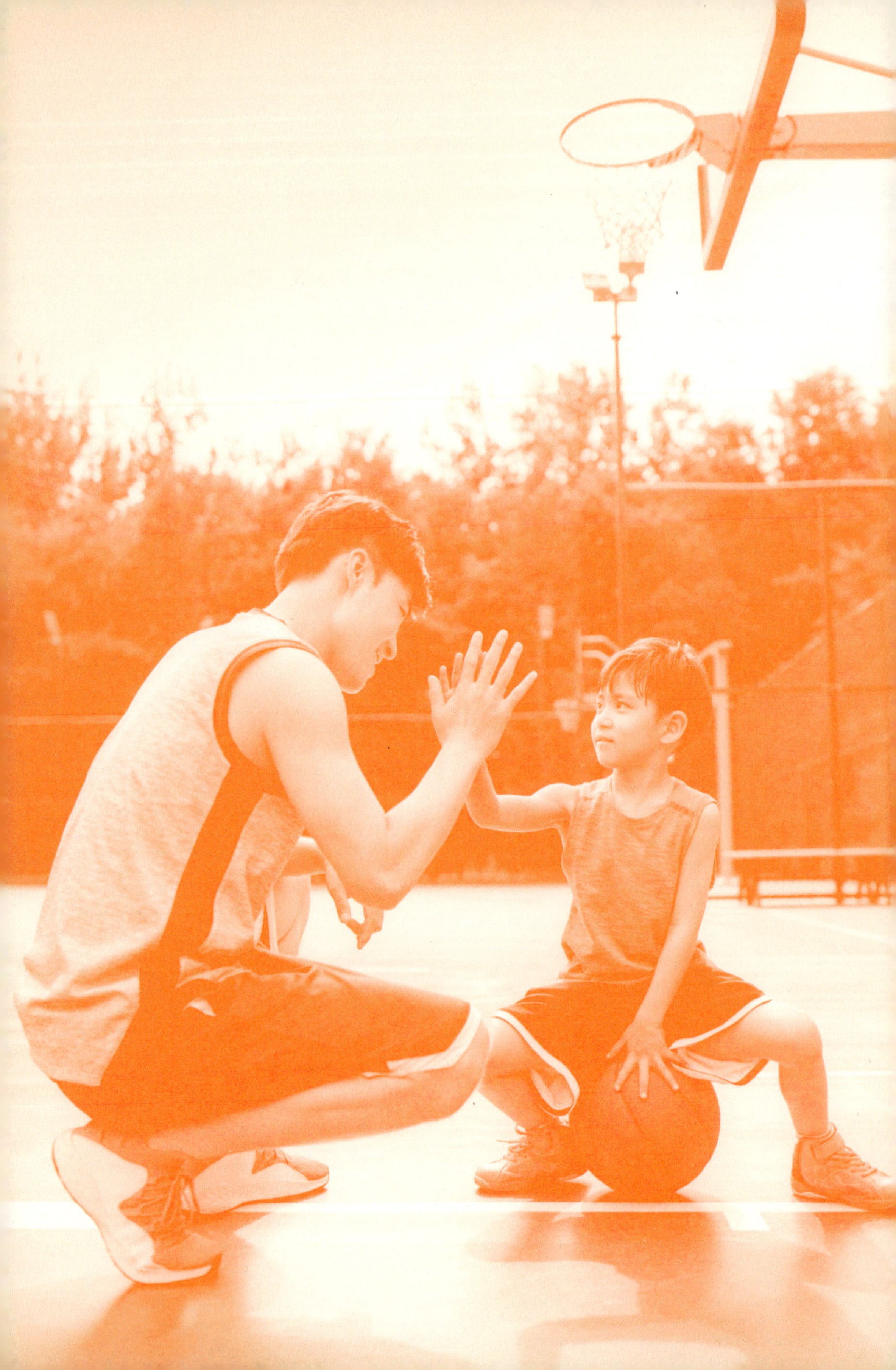

第六部分
学篮球,家长如何陪伴孩子

1. 不要轻言放弃

2. 关注、鼓励和赞美

3. 为孩子提供安全保障

2012年，琪琪不到5岁，一个周日的晚上睡觉前她问我，为什么明天要上幼儿园？我记得当时很困，潦草地回答："1234567——1234567——1234567……"她不知道是听懂了呢，还是听出了我的困意，翻了个身睡了。现在回想起来，真是可爱至极。时间也确实是这样一天一天地飞快过去，留也留不住！一眨眼，十年过去了。

当我们陪伴孩子从童年到成年，看上去漫长的人生却转瞬即逝。我们会对孩子有许多短期期许，而最重要的是一个长期期许——帮助他们健康、快乐地成长，良好地适应环境，在属于他们的道路上顺利前行。

孩童时期，我们能做的是充分地了解他们，倾听他们的声音，尽力去帮助他们做出一些选择，而不是替他们做出选择，不能专制地要求他们按照我们为他们设计的人生轨迹去成长。在陪伴孩子的过程中，比如打篮球这件事，孩子要不要打篮球？什么时候开始打篮球？去哪里打篮球？我们需要帮助孩子做出选择。然后呢？我们的任务就完成了吗？远远没有！

每个孩子都需要被关注，我们和孩子达成共识，决定去做一些事情的时候，他们会有成功、失败，也会有挫折，我们要"看得见"他们。在孩子取得进步的时候，不吝啬我们的赞美；在孩子遇到挫折的时候，

第六部分　学篮球，家长如何陪伴孩子

鼓励他、支持他；当孩子犯错误时，不一味地指责和批评，而是关注于解决问题。

我们要让他们知道自己被"看见了"，感受到安全的成长环境，进而能够在家长的帮助下自主做出选择，不因为犯错误而惶惶不安、怀疑自己，有新的想法时敢于尝试。当然，在这样的环境下，孩子也会积极、努力、充满好奇心。

1. 不要轻言放弃
课业学习不是停下来的理由

北大校长王恩哥曾在上任时说过："人这一生需要结交'两个朋友'，一个是图书馆，另一个是运动场。"一个是充电；另一个则是放电。只会充电的孩子，可能只能赢得一时；而学会放电的孩子，才会在漫长的过程中逐渐升华、感知，亲手点亮自己的未来。

我经常跟学生说要珍惜大学的时光，因为在我的记忆里，本科四年是人生中最美好的时光。入校就担任了女篮校队的队长，四年训练几乎全勤，毕业的时候大学英语过了六级，全院学习成绩排第二名，保送上了硕士研究生。很多人惊讶一个10年没有系统学习的专业运动员是怎么做到的，是不是学习得特别苦，其实并没有。

那时候，每天按时起床，吃完早餐不管有没有课都会去教室，有课上课，没课就学英语；吃完午饭睡午觉，起床了去训练，每天的训练时间基本上是90分钟，出一身汗，洗澡、吃晚饭；然后就去晚自习；9点半左右肯定回宿舍，从来不拖延；回宿舍打开电脑玩会儿；11点宿舍熄灯了，再打开应急灯学习。看上去很枯燥的生活为什么对我来说那么美好呢？因为那四年学习效率特别高，看什么都进脑子。我思考为什么那段时间的学习效率高，科学给了我答案。

学习是个脑力活，大脑工作时需要的血流量占心脏搏出量的15%～20%，耗氧量则占全身总耗氧量的25%。长时间的脑力劳动会提高大脑对氧气的消耗速度，并且大脑对于缺氧的忍耐力远比身体其他器官低，因此脑力劳动的时间不宜过长。长时间的伏案学习，还容易导致胸腔被挤压，影响呼吸，通气量不足也会导致大脑缺氧，从而影响学习效率。

再来审视一下我的生活作息，学习时间分为三大部分，上午、晚上和深夜。中午有午睡，身体和大脑都有充分的休息，这也成为我晚上11点之后能再集中注意力学习的保障；下午有足够的体育运动时间，身体机能被充分调动和锻炼，有健康的身体才能持续学习；晚上还有一小时左右的休闲娱乐时间，从而不会出现对学习"疲劳驾驶"的倦怠情绪。正所谓学习、训练、生活张弛有度，劳逸结合，心情舒畅，学习质量自然就高。

孩子的学习也一样，要追求单位时间内的质量，而不是投入时间的长度。课业学习负担重，需要花更多的时间不应该成为不让孩子运动的理由，练体育"头脑简单四肢发达"的理念已经过时了。哈佛大学2021年入学新生数据显示，10.4%的是学生运动员。美国很多名校校长认为，顶尖大学如果要培养未来的领导者，绝不能把目光仅仅局限在考试成绩高、学术潜力大的学生身上，而要培养能够面对、分析、驾驭、处理复杂信息和艰难局面的"完整的人"，他们必须有能力应付真实世界里瞬息万变的种种挑战。

如果说父母给了孩子生命，为孩子指明了前进的方向，那么对运动的热爱，则是每个父母都应该送给孩子的一份厚礼。别只注重让孩子坐到书桌前学习，也让他们到球场上去奔跑吧，让他们在温热的汗水中锤炼自己，加深对生活的理解，变得势不可挡，坚不可摧。

没有坚持不了的孩子，只有坚持不了的家长

并不是每个孩子生下来就喜欢篮球，在学习篮球的过程中，当孩子遇到困难时，作为家长，我们应该怎样做呢？

曾经听过一个弹钢琴小姑娘的故事，大概是这样的——有一天女孩放学回家跟爸爸说："我们班的某某，钢琴十级，保送到中国人民大学了，爸爸，你怎么不让我学钢琴呀！"爸爸说："我怎么没有呀，你5岁的时候我就送你到中央民族大学的钢琴教授家里，让你跟她学钢琴，可是你又哭又闹不肯学呀！"女儿听完回答说："我才5岁，知道什么呀？你难道也不知道吗？"

是啊！我们做大人的难道不知道吗？平时在与孩子的相处中，一旦遇到争执，我们就会说："我这都是为你好！"却没有想办法让孩子去尝试、坚持，从而爱上。

6岁或者更小的孩子开始参加篮球活动，他们能在学习各种运动技能的过程中体验"我能"，会因为能够连续运球过障碍物而获得成就感，会因为同伴为了接他的球打了个趔趄而开怀大笑。另外，他也很有可能是整个班里年龄或个头比较小的，运动能力也不突出，在比一比谁运球快、谁做得多的时候，可能没有"比别人强一点"的优越感，也许总是有"比别人弱一点"的挫折感，这时候如果放弃了，留给孩子的也许只有失败的阴影，而非挫折教育。

不是每个人的运动技能都天生比别人强。篮球班每年都会有新来打篮球的孩子，有的小一点，有的可能8岁或10岁才刚开始接触。你的孩子刚开始练球时可能总是在比赛中经历失败，而练了几年后，他可能会给新来的孩子做示范，在很多运动技能表现上都更熟练、做得更好，在比赛中也可能常常获胜。

在孩子遇到困难、挫折的时候，我们要跟他一起分析情况，鼓励他、帮助他，让他在坚持过后尝到甜头，这个过程才是挫折教育，才能培养孩子的坚毅力。

学习成绩一般的周杰伦凭借音乐才华获得成功，谱写出百首经典歌曲，成为一代人共同的青春回忆，我也是他的粉丝之一。周杰伦曾在某访谈类节目中透露，自己从4岁开始学琴，还被要求每天练2个小时，小时候非常好动，根本坐不住，妈妈叶惠美就会拿着藤条，默默地坐在一旁督促。每当听见窗外别的孩子们嬉戏打闹的声音，他心里就很难过，"为什么别人都在玩，而我要学钢琴"。但奈何藤条的威严，只能继续练习。"逼迫"持续了五六年，才让他爱上音乐，也才成就了现在的他，所以他深知父母的"逼迫"在孩子学音乐时的重要性。因此，他表示等女儿开始学琴，也会"逼"女儿每天练习。

很多事情也许开始的时候并不是因为喜欢，但是在一些外力的作用下，坚持下来就变成了习惯，不知不觉中就变成了热爱。有兴趣→不爱练→被逼迫→成习惯→主动练→真热爱！很多事情的发展规律就是这样的，一些家长往往在第二阶段就随孩子放弃了，然而他们不知道只要坚持过了第三阶段，篮球就会变成孩子的一生所爱！所以，在孩子学篮球的过程中，最早也许需要一些外部强制手段。

家长对待一件事的态度对孩子的影响是巨大的，比如：家长觉得上篮球课这件事可有可无，那么孩子也会觉得缺课没什么大不了；家长觉得学不下去就算了，那孩子产生了惰性，或者是遇到了挫折肯定不会去坚持……

篮球活动不止是锻炼身体，更是学习，是坚持不懈、永不放弃，所以请不要抱着无所谓的态度，不要因为眼前的一点点困难，随意让孩子请假，或是中断孩子的活动。

家长嘴上说再多的大道理，也比不上现实中的一个实际行动对孩子的影响大。爱玩是孩子的天性，但孩子在打篮球的过程中，不止学会了篮球技术，还收获了坚韧、毅力、克服困难的勇气，合理的时间规划能力，以及抵挡诱惑的自制力，这才是最有意义的事情！坚持很难，放弃容易，先做一个有坚毅品质的家长，然后才有可能培养一个有坚毅品质的孩子。

孩子需要榜样

经常有学生问我："老师，您是怎么平衡自己的时间的呢？既能在学习、工作上有所成就，还能顾上家庭，女儿培养得那么优秀。" 琪琪2008年出生，是个奥运宝宝，生完她我就开始抓紧写硕士论文，毕业找工作。2009年留校成为教师后又开始参与很多的科研项目、准备考博士、出国留学、参与国家队工作，这么多年我都没有足够的时间陪伴她。女儿幼儿园和小学，我只去过一次家长会，学习上我也没有严格要求她必须考多少分，可所有知道她的人都觉得她很懂事，在学校也表现优异。我曾跟琪琪说过："妈妈没有很多时间可以陪你，咱们俩都要为了自己的明天打拼，一起努力。该学习的时候学习，该努力的时候努力，等到了假期，咱们就好好放松几天。"我相信我自己只要够努力，孩子也一定会被激励和影响。

父母是孩子的榜样，也是孩子最好的老师，我们每个人都要成为孩子的好榜样。"教育的关键就是忘记教育，先修身，然后再谈别的。"榜样的力量是无穷的，父母的行为对于孩子的影响更是巨大的。

日常生活中，我们在很多方面可以为孩子树立榜样，比如：

· 保持健康。热爱运动，定期锻炼，饮食营养，每晚保证8小时的睡眠。不仅你会更健康，你的孩子也会跟随你的生活而变得更热爱运动，更健康。

·承认失败和错误。和孩子分享你是如何处理所面临的挑战和失败的，用你的经验帮助他树立积极面对失败的信心。如果你犯错误了，也要坦然承认，像你希望别人对待你一样去对待孩子。

·接受挑战，每天进步一点点。始终以某种方式提高自己，如知识、习惯、技能、情绪控制等，走出舒适区，接受挑战。你的孩子会看到你是如何致力于一天天过上更好的生活的，并从你积极面对生活的态度中学习。

·认真倾听。当孩子对你说话，请收起你的手机或任何其他分心的东西，认真倾听，这是对孩子的尊重；当你说话时，也让你的孩子通过听你说话来尊重你。让孩子明白倾听也是一种对他人的尊重。

·真诚赞美。从对你的孩子和其他家庭成员说积极的话开始，让孩子体验真诚的可贵和赞美的积极作用，做一个善良可爱的人。

·信守承诺。很少有人能100%做到我们所说的事情，但要努力成为这少部分人中的一员。孩子的事，要么不答应，答应了就一定要做到，做一个可靠的榜样。

·心存感激。遇到不顺心的事情不要经常抱怨，要有感恩的心，随着时间的推移，你的孩子也会变得更加懂得感恩！

·管理好自己的情绪。当遇到令人沮丧或担忧的情况时，使用各种方法来保持冷静。你的孩子会从你身上学到，保持对自己情绪的控制和不把情绪发泄在别人身上是多么重要。青春期的孩子往往情绪不稳定，所以最需要管理的就是情绪。

……

人类有追求梦想、超越自我、设定目标并为之奋斗的天性，然而，这条路并不总是容易的，许多困难可能会出现，让我们想要认输。只有坚持不懈才能获得幸福、达成各自的人生目标，所以，我们还必须做一个有永不放弃精神的榜样。

当孩子失败时，他们会感到沮丧、悲伤，甚至失去信心，这时候要提醒孩子人无完人，我们都会失败，失败是人生旅途中很重要的一部分。帮助孩子在遇到困难的时候坚持下去，鼓励他们，并身体力行，这会让他们更容易继续前进。

体育运动和游戏对于向小朋友们传递知识和价值观至关重要。通过简单而有趣的游戏，我们几乎可以在他们没有察觉的情况下培养这种永不放弃的精神。打篮球就是一个非常好的活动，和孩子一起设定一个切合实际的目标，也许还可以邀请教练一起参与制订，最好是把一个长期目标分解成小的阶段性目标，并且在每个小阶段性目标达成时有一定的奖励，当然，奖励并不一定是物质的。当孩子们学会了坚韧不拔，朝着一个目标前进，不管路上有多难，都不会让逆境阻挡他们的梦想。

在打篮球的过程中，如果孩子跟你说要放弃了，一定要仔细分析情况，是犯懒了想在家玩电子游戏了吗？是在训练中遇到挫折了吗？是跟哪个孩子或者教练闹矛盾了吗？要让孩子停下来可以有很多的借口，打篮球太累了、打篮球影响学习了、没时间送孩子去打球……但要坚持下去只有一个理由，陪孩子一起，做他们的榜样，朝着既定目标进发，永不放弃。

不要轻易地就放弃，而是跟孩子说："我相信你，咱们再坚持一下，好吗？"

2.关注、鼓励和赞美

人具有社会属性，我们不可能离开社会、离开他人孤立存在。在生活中，我们不仅关注自身发展，也需要他人关注自己。

美国著名社会心理学家亚伯拉罕·马斯洛提出过一个理论——马斯洛需求层次理论，又被称为金字塔理论。该理论把需求分成了五个层次：生理需求、安全需求、社交需求、尊重需求和自我实现需求，依次由较低层次到较高层次。其中的尊重需求既包括对成就或自我价值的个人感觉，也包括他人对自己的认可与尊重，换句话说就是想被人承认的需求，或被关注的需求。

孩子是在与外界环境的互动中成长的，成人的关注是他们的生理和安全需求得以满足的首要条件。有些家长为了培养孩子的独立能力，有意无意地使用忽略孩子的办法，也就是"不管"，好像这样就能使孩子健康成长。被关注的需求是人的本性，有时候孩子感觉自己的需求和情感得不到回应，就会想办法引起大人的关注。有的孩子通过努力学习在成绩上取得家长的关注，有的孩子通过调皮捣蛋、和老师作对来获得关注，有的孩子通过每天都把自己打扮得很出众来博取关注，也有的孩子选择沉默乖巧、听话、懂事来寻求父母的关注。

理解孩子，满足孩子的心理需求，尊重孩子表达自己感受和意见的权利，正确引导，多鼓励、多赞美，犯错、失败并不可怕，关注孩子，让他们对自己、对未来、对所要做的事情充满信心更重要。

用鼓励和赞美建立孩子的自信

有研究表示：在家里得到赞美的孩子，比起那些得不到赞美的孩子自我感觉更好，更乐于接受生活的挑战，也更愿意为自己设立较高的目标。

美国临床心理学家莫娜·德拉霍克不喜欢"温柔育儿"这个说法，"温柔"会让人们定义为永远不对孩子说"NO"，但实际上这样做很难，也是不对的。她更喜欢"响应式育儿"，因为这样能更好地让人们理解我们需要陪伴孩子，当孩子精神、情感等各方面受困扰时，正视问题，安抚孩子。她的研究表明孩子总是想取悦父母，需要被关注，每个孩子都希望获得成人的肯定，这对他们的自尊和自我认同非常重要。当孩子受挫时，我们在情感上表露出同情并安抚、鼓励孩子，孩子的大脑和身体的压力反应就会减少。成年人的关心会改变孩子身体和大脑对压力的反应方式，能减少压力荷尔蒙。

孩子参与篮球运动的乐趣与成年人在他们运动中的积极介入有关，特别是与家长、教练的满意度有着密切的联系。有实验研究表明，如果青少年体验到家长、教练的满意度有所增加，那么他们感受到的外部压力以及对运动表现的消极反应也会随之降低。

> 有一次我去一个篮球班看训练，遇到一个女孩，训练课开始前，她赖在爸爸的怀里，两个人似乎在商量着什么。开始准备活动了，爸爸领着她过去跟教练说，孩子有点害怕，担心做不好。只见教练蹲下来看着女孩的眼睛说："咱们试试呗，在最后一排跟着那个小哥哥一起做，他做什么你就做什么，好吗？"她点点头，跟着教练回到了队伍中。
>
> 做了几个动作我就看出来女孩的运动协调性很好，有的动作跟不上可能是因为以前从来没做过。在来回做的准备活动练习中她经常会追不上队伍，教练就会跟她说，没关系，跑过去就好了。
>
> 准备活动完了以后就开始分组练习了，她被分到了小班组，她第一次来有点腼腆，但练了一会儿就熟了，开始活跃起来。运球练习的目标是左右手分别原地连续拍20次，其他的小朋友都能比较轻松地完成，她可能是第一次做这样的练习，尝试连续拍了3次，再来

> 一次还是3次，她看上去又着急又沮丧。教练在旁边不停地鼓励她："能连3次了呀，真不错，再来一次，使点劲……"这时候我看到她的爸爸在旁边一直跟她进行着眼神交流，举着大拇指，一次次地鼓励她。
>
> 到这个项目结束的时候，她右手已经能连续拍20次了，左手也能拍9次了。教练没有再等她把左手也练到能连续拍20次就结束了这个项目，结束时表扬女孩第一次练习就有很大的进步，然后就换了其他的练习。
>
> 下课后，看到女孩飞快地跑到爸爸那里，看上去很开心。后来，爸爸领着女孩跟教练说，明天还来！

这个爸爸真的做得特别好，开始的时候就领着孩子跟教练进行了交流，让孩子觉得教练是知道她害怕的心理的。在练习的过程中又始终关注着孩子，让孩子每一个看向自己的眼神都得到鼓励的回应。教练也做得非常好，既不时地鼓励孩子，还适当地、客观地对孩子的努力进行了表扬，让孩子在篮球班的两个小时过得既充实又快乐。

如果有可能，我们可以告诉孩子在学习新理念和新技术时可能会犯的错误，让他们有一定的心理准备，并且告诉他们如果犯错误了也没关系，人人都会犯错误，人人都会失败。失败并非是成功的对立面，而是成功的必经之路。关于压力的研究表明，人们在受到鼓励的情况下可以100%完成任务，而在受到批评的情况下，只能完成20%的任务。

有的时候，我们把"希望结果是对的"看得太重，而看轻了做事的过程。孩子们害怕承认自己犯了错误，因为他们不想被嘲笑，也不想听到父母说"我早就告诉过你"。没有人喜欢听这种话，它让孩子们觉得自己渺小和愚蠢。如果我们把结果的对错看得轻一点，而把过程中孩子收获的经验、知识看得重一点，帮助孩子通过过程建立自信，在肯定、鼓励中成长，那么将来他们再面对挑战时，就会敢于做出更多的尝试。

我们甚至应该陪孩子一起尝试，在共同尝试的过程中可以提供方案，用简单的语言说清楚每个选择的利弊，让孩子有选择的权利，正确引导，让他们获得成就感，从而建立自信。如果你的孩子不听从你的意见，也许你还要进一步去了解为什么不听你的，也许他只是单纯的叛逆、不听话，或者他有自己的理由。

在青少年篮球比赛中，一般会规定第一节和第二节队员要5上5下，这样做的目的是让每个人都有机会参与比赛。有的队员喜欢第一节上场，他们更喜欢打遭遇战；有的队员喜欢第二节上场，这样有更多的时间了解对手，准备更充分。如果你的孩子恰好是喜欢先观察一下的那类，可能你会觉得他胆小，不敢冲在前面，实际上呢，他并不一定是胆小，只是每个人处理事情的方式不一样而已。对于需要观察一下的孩子我们要去理解他们，并给予相同的机会和鼓励。

大处着眼，小处着手。平时给予肯定的眼神，满怀热情地鼓励孩子，激发孩子克服困难的勇气，使孩子感受到经过自己的努力而取得成功的乐趣。让孩子在一个个小小的成功中，积累一分一分的自信。

批评也比忽略好

话语是有力量的，它们可以由内而外照亮我们的孩子，也可以像长矛一样落在孩子的肩膀上。《战争与和平》中有一句话："没有人和你说'不'的时候，你是长不大的。"表扬能激励孩子，让他们更好地成长，批评则能帮助孩子指出缺点和不足，让他们更好地发展。当然，赞美和批评都得适度，否则会造成过度的骄傲或不自信，都不利于孩子的成长。

1925年，美国心理学家赫洛克做了关于表扬与批评效果的实验。赫洛克征集了106个四五年级的小学生，并分成4个小组。让他们在4种不同的情境下做难度相等的算术加法。

第一组，"隔离组"，对其成绩不给予任何评价，并与其他三组隔离。

第二组，"受表扬组"，对学生逐个进行精神鼓励。

第三组，"受批评组"，对学生出现的错误进行大声指责和批评。

第四组，"受忽视的旁观组"，可看到他人的表扬与批评，自己没有。

结果是，后面三组的学生测试成绩都比第一组要好。

表扬和批评其实都具有激励作用！即使你没有被直接表扬或批评，看到别人受到奖惩也能得到启发。不闻不问，完全没有反馈的教育是最差的教育。这后来被命名为"赫洛克效应"，也就是及时对学习活动结果进行评价，能强化学习活动动机，对其起促进作用。适当表扬的效果明显优于批评，而批评的效果比不给予任何评价好。"赫洛克效应"一经产生，就在各个领域被广泛运用，并且产生了巨大的效应，对广大的中小学教育也有着深远的意义。孩子的教育除了学校教育，影响时间最长的就是家庭教育，因此家长在与孩子相处的过程中要多关注孩子，对他们的各种活动予以评价，即使是批评，也比忽视更好。

"小的时候多哄哄，长大以后多鞭策！"在关注孩子的过程中，如何把握表扬和批评也是一门艺术。

1962年，心理学家齐格勒和坎策尔对小学的高年级和低年级学生进行了一个实验。他们把所有孩子随机分成两个大组，并对其采取了不同的教育方法：

第一个学习小组是"故意表扬组"，学生经常被表扬，即使是"形式上"的赞美他们也经常使用。

第二个学习小组是"错误矫正组",学生经常被批评,主要就是指正他们的不足,没有表扬。

这两个学习小组的学生经过一段时间的学习后,在低年级学生中,"故意表扬组"比"错误矫正组"的测试成绩要好;而高年级的情况则正好相反。所以,年龄小一点的学生更乐意接受表扬,而年龄大的学生已经能区分出是不是真诚的表扬。

现在,你知道要怎样在生活中关注和评价你的孩子了吗?人本主义心理学家卡尔·兰塞姆·罗杰斯有一个关于共情力的经典心理学定义:能够深入走进当事人的内心世界,能够主动用当事人的眼光、态度来看待这个世界,但同时又能清醒地意识到自己还是自己。做一个充满共情力的家长,放下道理,放下权威,放下情绪,真正理解孩子的感受,陪孩子一起成长。

3. 为孩子提供安全保障

安全感是孩子健康成长不可或缺的重要保障之一。从心理学的角度来说,家长的陪伴、有效的沟通、温情的拥抱都是孩子获得安全感的重要来源,除了这些,我们还有更多可以做的。

美国篮球教练员唐·肖沃尔特在接受媒体采访时说:"如果孩子在5~7岁用成人的篮球和篮架,他的手太小可能控制不好那么大的球,他可能力量太小根本投不到那么高的篮筐,体验不到成功喜悦的他也许长大后再也不想打球了。而如果我们用小一点的篮球和矮一点的篮筐,教他们适合的技术让他们爱上篮球,也许他不会成为职业篮球运动员,但他会一辈子享受篮球带给他的快乐,也许有一天他也可以成为非常优秀的篮球运动员。"美国篮球协会很早就出台了适合青少年的规则和标准,帮助年轻球员学习篮球运动的基本功，提升他们的运动技能，让他们体验成功的喜悦，从而提供长期发展的机会。

为孩子提供安全的、适宜的硬件条件，营造互相信任的成长环境也是我们可以为孩子获得安全感能够做出的努力。

从室内场地开始打篮球

"好玩、易学、易在冬季人工照明条件下玩"是篮球运动最初被发明时的基本要求，时至今日，我们可以看到各式各样的篮球场，有室外水泥地、塑胶地的，有室内木板地的，还有搭起来的棚里使用防水合成材料的。

有的家长觉得孩子打篮球不就是要锻炼吃苦的精神么，尤其是男孩，就应该在室外太阳底下打，水泥地上滚，这样才能起到锻炼作用。我想，如果有条件，6岁左右刚开始准备打篮球的孩子，还是从室内有地板的场地开始吧。我们要培养孩子的坚毅，但最初的时候，提供安全感更为重要。

小孩子打球难免会摔倒，如果在水泥地上打球，很容易摔伤、流血，并且留下伤疤。如果是在室内的木地板上，摔了爬起来很容易，虽然会有点疼，一般孩子都能忍受，当疼痛在能够忍受的范围内时，再加上玩篮球的乐趣，孩子才有可能忍痛坚持继续站起来奔跑玩耍，才能磨炼他的坚毅。

如果孩子在水泥地上第一次抢球摔倒了，腿和胳膊都擦破皮流很多血，他们会有什么反应？还敢再抢球吗？也许会去抢，但肯定会有一点点心理阴影，不敢全力以赴去做了，也会减少很多乐趣。如果在木地板上就不一样了，更安全，孩子知道摔倒也没关系，就会更有创造力地去运球突破、拼抢球权。

很多室外的篮球场条件也很好，有塑胶场地，摔了也不会造成太大的损伤。但在室外篮球场打球要避开极热和极寒的天气，还要避免长时间的太阳暴晒。极热的天气容易过度出汗，引起肌肉痉挛，极寒的天气肌肉温度不容易升高，打球一激动，突然的发力特别容易引起肌肉拉伤、脚踝扭伤等意外的发生。

孩子需要户外运动，晒晒太阳帮助钙吸收，多一些看远处的时间，保护眼睛……但是在小孩子刚开始打篮球这件事上，我们明知道会有摔跤的危险，应该尽可能把危险系数降低，在室内场地开始打篮球，既保护了孩子的身体健康，也给了孩子心理上的安全体验，能够更好地激发孩子敢于尝试的冒险精神。

保证充分的准备活动

我们在参与比赛、训练和进行体育课的基本部分之前，为克服内脏器官生理惰性，缩短进入工作状态时长和预防运动损伤，要进行有目的的准备活动，为即将进行的剧烈运动或比赛做好准备。

充分的准备活动，可以提高孩子中枢神经系统的兴奋性，使大脑反应速度加快；提高心血管系统和呼吸系统的机能水平，增加肺通气量及心输出量，心肌和骨骼肌的毛细血管网扩张，使工作肌能获得更多的氧，从而克服内脏器官的生理惰性。准备活动也叫热身活动，英语中叫"warm up"，从字面我们就能理解是要在训练或比赛前使体温升高。体温升高，可以降低肌肉黏滞性，提高肌肉收缩和舒张的速度，增加肌肉力量及肌肉的氧供应，并且提高肌肉伸展性、柔韧性和弹性，从而预防运动损伤。

无论是你自己带着孩子去打篮球，还是在专业的机构里练篮球，都要重视准备活动。准备活动的时间、强度、内容、与正式运动或比赛的时间间隔等，都是影响准备活动生理效应的因素。一般来说，孩子心率达到100～120次/分，时间10～30分钟为宜，强度不宜过大，并且要根据篮球的项目特点、孩子的个人习惯、训练水平以及季节气候等因素适当调整，微微出汗，孩子自我感觉活动开就好了。与正式的训练或比赛之间有2~3分钟喝水休息的时间为宜。

充分的准备活动不但能让孩子在正式的练习和比赛中有更好的表现，最重要的一点是能在很大程度上预防肌肉拉伤等运动损伤。

避免早期专项化和过度训练

尽管篮球运动是一项促进人体综合发展的运动，对孩子的身体机能、人格培养、社会意识等方面有诸多的好处，但也不宜过早进行专项化训练。

早期专项化，是指孩子在较小年龄阶段确定专项后，进行旨在提高专项能力又不忽视一般训练的早期运动训练。在篮球这项运动中，由于技术复杂多样，初期都以基本功和一般运动能力为主进行练习，很少会出现极度的局部肌肉、韧带疲劳损伤等，早期专项化带来的弊端较少。但是也有一些孩子接受较为专业的训练后，负荷量过大，出现疲劳性骨折、习惯性扭伤、对项目产生心理疲劳等现象。

至少12岁之前，孩子应该以"玩篮球"为主。有些篮球传统学校的老师为了出成绩，会逼迫孩子进行大运动量训练，并且使用全场紧逼等依赖孩子高强度体能的战术方法来获取比赛的胜利。由于比赛的需要，孩子们早早地就分位置进行训练，导致了篮球技术的不全面发展，进而不利于孩子未来的发展。孩子打篮球的终极目标应该是"开心"，而不应只为"赢"，当家长和教练不断给孩子灌输"赢"是比赛的唯一目的时，比赛中的冲撞、恶意争抢就会出现，这些思想和行为会增加损伤出现的风险，不应被提倡。

随着人们体育意识的提高，"不止为赢"的理念已渐渐深入人心，尤其是社会篮球俱乐部的发展，近年来先进的篮球技战术教学方法、理念已经很好地融入了小篮球的学习和训练，更有利于孩子的身心发展。

运动补水要及时、科学

关注篮球历史的人可能知道，苏联是一支非常强劲的世界劲旅，最早的时候他们打不过美国，后来他们派教练去美国"偷师"，慢慢地，他们越来越强大，最终在1972年慕尼黑奥运会上，苏联男篮51∶50战胜了美国男篮，夺得冠军。苏联篮球训练时提倡不喝水、不休息，认为球员要在训练的时候吃最大的苦，受最大的累，才能在比赛中有好的表现。后来他们派教练去美国学习，发现美国所有的球队都有"water break"（喝水休息的时间），才知道休息、补水能够让运动员的机体得到更好的恢复，才能有更好的运动表现。

有些人认为，运动中感到口渴应当喝水，而另有一些人认为运动中不能喝水，因为运动中喝水会增加心脏和胃肠道负担，易造成运动中腹痛。那么，运动中到底能不能喝水呢？答案是肯定的。在训练和比赛中要喝足够的水，以防因出汗过多而导致脱水。

水在人体中具有止渴、稀释血液、散热、润滑、利尿、运送营养等作用，儿童身体成分中水的比例可占到80%以上。孩子在打篮球时能量代谢增大，产生大量的热能，除用于肌肉活动外，还要产生大量的热，使体温升高。出汗蒸发是散热的主要方式，汗液中的主要成分是水，大量出汗会使机体脱水，因此运动中正确的补水是非常重要的。

怎样补水才科学呢？最好的方法是少量多次。一般在篮球训练中，每做一个项目，教练都会让孩子们喝水休息1~2分钟，基本上活动时间为15~20分钟。还要让孩子养成喝水的好习惯，150~200毫升的水量较为适宜，每小时的总饮水量不超过600毫升。这样既可以保持体内水的平衡，又不会因为大量饮水增加心脏和胃肠的负担。另外，也可以采用运动前饮水的方法，在运动前1小时补水300毫升。

运动后补水也非常重要。运动后水分流失的同时，钾、钙、钠、镁等电解质也在流失。因此除了水，也可以选择补充一些运动饮料，椰子水是不错的选择。饮料的含糖量不能过高，因为糖的浓度过高，会使饮料在胃中停留的时间过长，反而水分不能及时进入体内。一般而言，夏天饮料糖的浓度不宜超过5%，最好2.5%左右，冬天可以为5%~15%，这样可以保持体内糖和水分的平衡。水的温度也需要注意，孩子运动完就想从冰箱里拿水喝，那样会刺激咽喉、肠道、胃等，久而久之容易影响这些器官的功能并引起疾病。水的温度控制在8~16°C为宜。

为孩子选择装备

每天都有很多的孩子选择练习篮球，梦想在一个领域达到顶峰，但现实中，不是每一名选择练篮球的小朋友都可以成为一名优秀的运动员。不过通过科学、安全的训练，使用适合孩子的运动器材，选择合适的装备和护具，避免受伤，长时间的坚持一定能让他们掌握一项终生受益的技能。

篮球鞋是最重要的装备之一。我们小的时候，经济条件不好，父母总是会给我们买大一点的鞋子，因为这样可以多穿几年。现在大家经济条件允许了，我们不能再让孩子穿不合脚的鞋来打篮球了，它们必须完全适合孩子的脚，并适合篮球项目的需求，这样脚踝和膝盖的损伤风险会大大降低。

进行篮球运动时，通常需要不断地做出起动、急停、变向、加速、起跳和迅速地左右移动等动作，一双好的篮球鞋，不仅要有优秀的支撑性和稳定性，还要有良好的减震作用，全面基础的防护是必不可少的。

帮孩子选择篮球鞋时不能光看外表好看，还必须了解孩子的脚型和足弓类型。有的孩子脚瘦一点，有的孩子脚宽一些，有的孩子足弓很高，要根据这些特点选择不同的鞋型，鞋型合脚比外表好看要重要的多。

除鞋子外，孩子长大一点、对抗激烈一点的时候就需要更多的安全措施了。比如：

> ·护齿。随着孩子慢慢长大，对抗也会越来越激烈，选择合适的护齿可以有效保护孩子的牙齿。国内目前这方面的意识还不是很强，但是在美国，孩子的护齿可以在运动商店选择购买。
>
> ·蜂窝护膝、护肘。蜂窝型护具主要作用是保护，与运动员损伤后佩戴的起到支持、稳定作用的护膝、护肘有一定的区别。它们不会因为长期佩戴而影响肌肉、骨骼的发育和生长。
>
> ·如果你的孩子有近视的情况，应为他选择运动眼镜，既能保证广泛的视野，又不容易在碰撞中跌落或伤到孩子。
>
> ·女孩子长大一点就需要选择合适的运动内衣，保证胸部的健康发育，避免激烈的碰撞引起损伤。

常言道："工欲善其事，必先利其器。"有了安全的场地、充分的准备活动、适宜的运动强度和负荷量、科学的补水、合理的装备等，孩子基本上就有了舒适的训练环境和条件。

最后还有一点需要补充，当孩子感觉不舒服或者受伤时，是否应该让孩子坚持训练？在这一点上，我认为也没有标准的答案，要根据孩子的具体情况进行判断。比如感冒，前几天症状明显的时候绝对是不提倡剧烈运动的，从经验的角度来说，越运动越严重，这时候不能相信"感冒了出点汗就好了"。而且感冒了剧烈运动很有可能引起心肌炎，一定要让孩子有充分的休息。如果孩子摔倒了，感觉肢体某个部位有点疼，拍片在确定骨头没有问题的情况下，是可以鼓励孩子继续打球的。包括在一些皮外伤不会有加重可能性的情况下，鼓励孩子继续坚持运动也是一种磨砺。

孩子嘛，有的时候惰性犯了，也会编出很多的花样来跟我们斗智斗勇，作为家长，要懂得判断什么样的情况可以坚持，什么样的情况不可以坚持，还要注意处理方式和方法，在不伤害孩子感情的基础上调动他们的运动积极性也非常重要。当我们确定为他们提供了所有安全的保障，鼓励他们运动的底气就更足了！

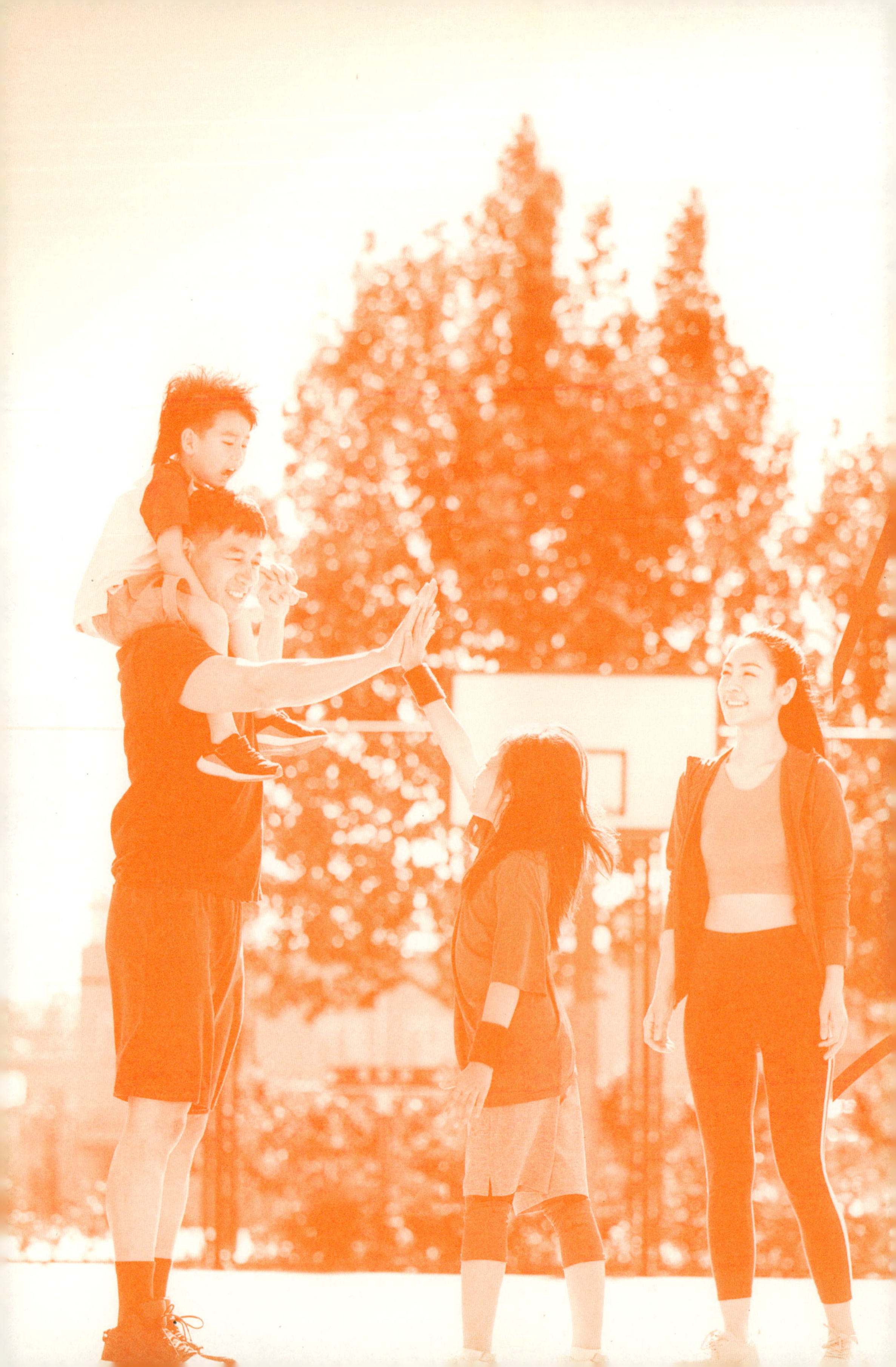

第七部分
学篮球,家长需要建立"支持系统"

1. 为孩子选择好的起点

2. 积极参加适宜的比赛

3. 与其他孩子家长结成联盟

2017年我进入中国女篮教练组参与东京奥运会备战工作，当时许利民指导担任主教练，我深深地感受到整个队伍就是一个大团队。所有的备战都围绕着12名球员在比赛中能有出色的表现而进行——教练员攻防战术理念的确定和技战术指导、视频分析师对敌我双方技战术的分析和掌握、体能训练师有针对性地保障每个球员的体能状态、队医对团队每个成员身体健康的保驾护航、心理师的心理调控、营养师的餐饮调控等，除了运动员自身的努力，其他各部分分工明确，又通力合作，一切都是支持保障，无论你做什么，都向着一个目标进发：让中国女篮站到世界篮球的最高领奖台上。

大到国家，小到家庭，每一个团体都有各自的使命和目标，团体中的每一个人也有各自的任务和责任。对于一个家庭来说，终极目标自然是为社会培养一个德智体美劳全面发展的下一代，孩子自己要努力，其他不管是父母还是姥姥姥爷、爷爷奶奶，我们能做的一切也是支持保障。所以说，孩子要学打篮球，家长就需要做我们能做的事，帮助孩子实现人生阶段中的小目标。

1. 为孩子选择好的起点

"不让孩子输在起跑线上"的理念早已深入人心，到底哪里是起跑线呢？相信很多家长为孩子考虑起跑线时更侧重学习方面。而事实上，一个孩子长大成人，走向社会成为栋梁之才所需的能力是多方面的。弱不禁风的躯体永远无法培养出坚强而充满活力的灵魂，也承载不了孩子的未来，正所谓"身体是革命的本钱"，孩子的起跑线，要从体育开始。

3～7岁，是孩子身心发展的重要时期，家庭教育对其有着潜移默化的影响，父母的运动观念，会直接影响孩子的运动观念。许多不利的环境和事件也会导致孩子对某项体育运动失去兴趣，比如孩子还拿不住球的时候，你就让他去投篮，完全没有一点投中的可能性，孩子就会失去对投篮的兴趣，甚至失去对篮球的兴趣。因此根据孩子的年龄、身心发展程度等决定什么时候打篮球，到哪里打篮球，都是"支持系统"不可忽视的部分。

兴趣是最好的老师

孩子喜欢体育运动是因为他们能够在学习的过程中得到快乐，兴趣是最好的老师。著名心理学家阿尔弗雷德·阿德勒研究认为，人的社会兴趣最初是由儿童同其父母的早期相互作用而产生的。因此父母的重要任务之一是唤起和培养儿童的社会兴趣，对儿童的溺爱和漠视是影响儿童社会兴趣发展的两个重要因素。

美国杨百翰大学夏威夷分校男篮主教练阿尔伯特·肯·瓦格纳，是该校有史以来最成功的篮球主教练之一，也是我在美国读博士时期的导师。当我爱人说要让女儿开始打篮球了，我第一时间告诉了我的导师。他知道后很高兴，跟我说："最重要的是要让琪琪保持对篮球的喜爱和热情，一定要帮助她坚持一个信念，就是每天都要变得更强，每天都要有所收获，取得进步。"

热爱和坚持是相互促进的，越坚持越热爱，越热爱则越能坚持。没有最初的热爱，就不会有之后的坚持；没有持续下去的坚持，就不会有更加深沉的热爱。当孩子退缩的时候，来自父母适宜的推动和鼓励，会帮助孩子度过坚持的瓶颈期，并进入到良性循环，而父母之道就在于平衡，把握"恰到好处"。

溺爱或者对人生发展的选择偏颇都会影响我们对孩子什么时候应该做什么的判断。孩子上幼儿园了，你说孩子还小，学什么篮球呀！上了小学，你说学篮球没什么用，还有很多文化课和兴趣班呢！到了初中，发现孩子不长个儿，爱玩游戏，性格内向不合群，或者性格外向没有专注力，你开始着急了，但是比小学多出好几门课的初中学习生活，压得孩子和你几乎没有自由支配的时间了。

孩子在学校看到别的孩子打篮球，也想和大家一起打，一样在球场挥洒汗水，但因为没有基础，不知道怎么打。慢慢地，共同话题越来越少，朋友圈子越来越小，孩子也越来越不自信。时光飞逝，面临中考和高考，学业越来越紧张，压力无形之中形成。处于生长发育期的孩子，体内激素不平衡，情绪不稳定，脾气暴躁，叛逆也就随之而来，你和孩子之间的矛盾也越来越多。如果现在能和孩子来一场酣畅淋漓的篮球赛，让孩子宣泄过剩的精力，舒缓紧张的情绪，一切都会变得更美好。

早一点，在孩子还是一张白纸的时候，把篮球运动引入他的生活，提早培养孩子的兴趣，打下扎实的基础，养成好习惯，则更容易让他爱上篮球。

专业的事情让专业的人做

我的学习经历你已经知道，将近10年没有系统读书，大学本科毕业时通过了英语六级，之后留美读书，2017—2022年担任中国女篮的翻译，很多人觉得我英语那么好，应该自己教女儿英语就可以了。

现实很骨感，女儿小的时候并不愿意跟我学英语，尽管我想了很多办法，比如买英语绘本给她讲故事、生活中尝试跟她用英语交流，还让大她2岁的表哥在寒假的时候跟她一起学英语，但是她一点学习英语的兴趣都没有，每次都感觉是被逼无奈地学习，事实证明效果不佳。在琪琪6岁的时候，我把她带到了一个离家最近的专业的英语教育机构。明亮、干净的教学环境，可爱的卡通形象立刻吸引了她。学了两年的时候，我跟琪琪说："你现在上小学了，学校的英语学好了，就够了，不报班了吧？"你猜她怎么回答我："不行！"

专业的事情就要专业的人做，我英语水平再高，因为不是教英语的，并且是儿童英语，在学习方法、学习内容上，没有系统的研究是不可能教好的。篮球也一样！有的人说，小孩子学篮球，不就是拍拍球、投投篮么？自己教教就行啦。

No！No！No！越小的孩子打篮球越应该让专业的教练进行指导，培养篮球兴趣，你自己可能做不到很好，毕竟，脾气一上来，亲子之间的关系就会岌岌可危。而且，教练也不仅仅是教技术、培养兴趣，儿童阶段是孩子人格形成的关键期，教练员的综合素养、球场的环境、小伙伴们的相处等对孩子的影响都非常大。

有个朋友向我抱怨，儿子二年级，打算让他去学篮球，带到场地后，孩子不敢进到小朋友的队伍里，教练也不闻不问的，最后悻悻而归，让他很失望。近十几年来，篮球培训机构如雨后春笋般遍布全国各地，良莠不齐，在选择的时候一定要注意辨别，选择有品质的起点也许比早早抢跑效果要好。孩子的体育运动启蒙阶段，兴趣更重要，高水平的教师教的不仅仅是技术，而是用爱浇灌孩子的兴趣。

2. 积极参加适宜的比赛

琪琪上小学三年级的时候，学校的体育老师就带着她和五六年级的孩子一起去参加北京市海淀区运动会，结果可想而知——重在参与。比赛完回来，看她一脸落寞的样子，我们赶紧安慰她："别人都比你大好几岁，没事，你才三年级，还有机会呢！"

比赛完回来一段时间，遇到体育老师，她说琪琪训练很能吃苦，跑200米、400米，其他同学总是有畏难情绪，琪琪每次都带头跑。功夫不负有心人，到了五六年级，她为学校争得了历史上第一枚海淀区运动会金牌，跳远、200米都拿到了冠军。

过程很漫长，整整4年，真的感谢琪琪的体育老师，未雨绸缪，从三年级就开始带她熟悉比赛的环境，体会竞技体育的残酷。比赛也让琪琪看到了自己和别人的差距，知道山外有山、人外有人，要想取得好成绩就要刻苦训练。

打篮球方面琪琪一直都是周末自己练，直到六年级的寒假，我才给她报名参加了北京市优秀后备人才训练营，打上了比赛。她跟我说，教练总让她做示范，我就赶紧给她宽宽心，你平时怎么做就怎么做，不用紧张……没等我说完，她就在电话里说："知道啦，我不紧张，你闺女什么场面没见过呀！"

孩子在参与适宜的体育比赛中获得的经历和心理体验，对他们的一生都很重要。体育比赛不但能够让孩子开拓视野，做一个有眼界、有格局的人，所经历的一切还能够让他们将来在面对挑战时更有信心、更从容。团队项目还能让孩子在比赛的过程中获得友谊，培养领导力。

在2022年北京市体育传统项目学校篮球比赛中，有个小姑娘晓雯长得特别好看，球打得也好，俨然是队里的核心。晓雯妈妈告诉我：

> 晓雯从小性格比较内向，没什么朋友，就喜欢打篮球，开始只是自己玩玩，在小俱乐部里练球，没什么比赛。因为她对篮球的热

爱和教练的培养，在同龄人里渐渐脱颖而出，父母看到这个情况，费尽周折将她转学到了篮球传统学校，从此她开始有正规比赛打了。从U10开始打，已经打了3个年头了，这期间脚底磨出过大水泡，手指"吃过萝卜干"（手指戳球导致挫伤），每次妈妈看着都心疼得直流眼泪，她就安慰妈妈："没事，皮外伤，过几天就好了！"

每次比赛晓雯几乎都是第一个到球场，家人朋友问她为什么每次都这么早到等着大家，她说："我是后卫，我的表现直接影响队友的表现，来晚的话慌慌张张会影响大家比赛的心态。"她天天跟队友们研究怎么打比赛，恨不得24小时能黏在一起。

"独生女儿突然长大了！"晓雯妈妈说。以前只觉得她喜欢篮球，就为她创造一些打球的条件，没想到篮球让孩子变得开朗、坚强、勇敢，还展现出了领导力，13岁的她已经知道站在别人的立场上去看待事情、思考问题，真让人省心。

有了比赛，孩子们就有了共同的目标。和平时训练不一样，比赛让他们有了更多的时间在一起，互相了解、互相鼓励，输了一起扛、赢了一起狂，让队伍更团结，也让孩子们更明白合作的重要性。篮球项目的育人功能往往通过比赛能更好地发挥出来，比如球商是需要培养的，而训练中很多都是套路，并且队友之间很熟悉，很难发挥孩子的创造力，但正式比赛的赛场上需要随机应变，更能提高孩子的球商。不仅如此，比赛还能培养孩子的想象力、规则力，发挥他们的冒险精神和探索精神，不断树立自信，从而达到培养健全人格的目的。

很多人在分析美国篮球为什么这么强的时候曾提到，美国的小孩周末都在体育场上比赛，家长到处送，还经常充当志愿教练、志愿裁判。以前我们条件不允许，大家的思想意识也没到，现在完全不一样了。

教育系统的比赛体系

近几年为了加强中小学生体质，国家大力推广中小学"三大球"进校园，尤其是篮球和足球，同时要求面向全体学生，做到开齐开足体育课。2016年，在国务院办公厅印发的《关于强化学校体育促进学生身心健康全面发展的意见》的指导下，教育部办公厅开始在北京、河北等11个省（市）开展校园篮球推进试点工作，在每个地区选取50所中小学作为试点学校。2017年获认定学校扩展到1976所，并开始从局部试点地区逐渐向全国过渡建设篮球特色学校，到2019年已覆盖全国31个省市。2020年教育部认定并命名篮球体育传统特色学校2796所，篮球赛事也随之越来越多。

如果有条件，可以把孩子送到篮球传统校去上学，这样就能参加学校系统的比赛。2022年北京市体育传统项目学校篮球比赛精神定位为"不止为赢"，并吸引了一些赞助商，小学、初中、高中都有相应的基层比赛，利用周末的时间，让小球员们到球场上切磋。

不过即使进了传统校，想让孩子在技术水平上有一定的专业性，可能也还需要开点"小灶"。据了解，传统校的篮球队一般人比较多，师资力量相对来说还是匮乏，尽管有了社会俱乐部等进校园的合作，教练们"炒大锅菜"的情况还是会存在，篮球基本技术的练习不能抓精抓细，规范性会比较差。如果孩子能找专业教练在课余时间练练基本功，再在学校参加比赛，那么他的综合能力和水平，包括精神意志的磨炼肯定更好。

除了传统校比赛，教育系统还有很多等级的比赛，比如各个城市、学校之间的篮球比赛及省级比赛、全国比赛等。

社会力量的比赛体系

不是每个孩子都有条件进入篮球传统校学习的，那么这些进不了的孩子是不是就没有机会了呢？当然不是。社会力量的广泛支持和参与已经吸引越来越多的青少年加入到体育锻炼队伍中来，社会体系的青少年赛事在培养孩子的团队意识、集体意识，以及广泛宣传"健康第一"的理念中发挥着越来越大的作用。

NYBO 青少年篮球公开赛

2017年9月，全国青少年篮球公开赛NYBO（National Youth Basketball Open）在国家体育总局《青少年体育"十三五"规划》和中国篮协《小篮球规则》指导下应运而生，它是国家体育总局青少年体育司和中国篮球协会联合支持的一项专属青少年的篮球赛事，也是青少年篮球体教融合的典范。NYBO坚持"让不是校队的孩子也有正式比赛可打"。

NYBO设置了多个年龄组别和不同的比赛形式，适合不同年龄段的孩子参与，U6组别（3对3）可报名6～10人；U8/U10组别（4对4）可报名8～15人；U12组别（5对5）可报名10～15人；U14/U16组别（5对5）可报名10～15人。报名时只要登录公开赛的报名系统，即可由创建者邀请队员或教练员入队，自由度极高。同时NYBO将继续丰富赛事体系，通过举办暑假训练营、国际赛等项目，为小球员提供更多比赛机会。

美国及其他国家青少年篮球比赛

现在我们的经济条件好了，人们的思想观念更开放了，能够让孩子走出国门体验不同国家的篮球文化，这对于很多家长来说也是不错的选择。

美国作为篮球的发源地，其青少年比赛的规模和参与度更高一些。美国业余体育协会（AAU，Amateur Athletic Union）的宗旨是"篮球项目将通过比赛为业余青少年球员提供更加有意义的运动参与，激励他们，并为他们提供机会。我们将在一个有组织、安全和积极的环境中促进业余青少年球员的领导力、体育精神、身体健康与技能的发展。"

AAU的比赛主要包括地区锦标赛、超级地区锦标赛和美国业余体育联合会世界锦标赛。比赛有按年龄划分的，更多的是篮球俱乐部组队参与，青少年阶段为U7、U8、U9、U10、U11、U12、U13、U14，高中阶段为U15、U16、U17、U20；也有按年级划分的，主要由学校组队参加，青少年阶段从2—8年级，高中阶段则为9—11年级。参与年级分组的队伍也可以参与同等换算的年龄分组的比赛（如7年级的队伍可以参加U14的比赛）。另外，有些地区可能不会举办年级分组的锦标赛，在这些地区，按照年级分组的球队可以通过参加按照年龄分组的地区锦标赛或超级地区锦标赛来赢得参加按照年级分组的AAU世界锦标赛的机会。

比赛组织比较松散，但覆盖面极广，赛制也相对来说更自由。AAU世界锦标赛接纳国际队伍参赛，前提是队伍的所有球员必须是同一个国家，一般比赛都在7月进行。中国的教育系统有学校在寒暑假期间派队伍去体验，而当前更多派出队伍的是一些社会俱乐部。参加任何一个年龄段的比赛，国际队伍也同样要按队伍进行缴费，并按照相应的规定分组。

除了AAU的比赛，美国很多俱乐部有非常好的夏令营、冬令营和系列比赛。不少杰出的篮球运动员在进入职业篮球生涯前都有过这些篮球训练营的训练经历。比如著名的五星篮球训练营，是1966年创建的老牌篮球训练营，迈克尔·乔丹、文斯·卡特、勒布朗·詹姆斯等球星都曾在五星篮球训练营接受过训练，每年他们都有系列比赛，为小球员们提供实战经历，训赛结合。美国的很多NBA俱乐部也会在每年的8月左右举办一些青少年训练＋比赛的夏令营，中国的小球员当然也可以参与。

"欧洲无弱旅"是世界篮坛对欧洲国家篮球的整体评价，塞尔维亚、立陶宛、法国、捷克、克罗地亚等国家的青少年篮球俱乐部培养体系非常完善，每年的夏天会举办很多的青少年篮球赛事，来帮助孩子在比赛中体验篮球的乐趣，推广篮球运动，也从中选拔有天赋的孩子进行更专业的篮球训练。克罗地亚萨格勒布大学体育学院院长达米尔·肯尼亚兹曾多次强调，他们的国家很小，人才很可贵，所以对青少年的运动能力评估、测试、训练、比赛选拔等方面更为谨慎。他们非常欢迎中国青少年能够参与他们的夏季、冬季训练营，和当地的孩子们一起练球、一起比赛，分享交流中欧篮球文化。

通过适宜的比赛，能让孩子不分地区、不分国界地传递篮球运动带来的乐趣，孩子们还有机会成为文化交流的小大使，不但能获取志愿者经历，为将来出国深造做一些积累，更重要的是能帮助他们在体验中不断收获与成长，领悟篮球运动的精神，为将来的人生积累宝贵的财富。

3. 与其他孩子家长结成联盟
一起带娃打篮球，消融彼此陌生感

国家生育政策放开后，很多家庭有了二孩、三孩，但是一个孩子的家庭还是居多。再加上城市化的发展，很多孩子没有跟同龄人一起相处、玩耍的时光，容易对父母产生依赖，进而任性、娇惯、以自我为中心，如何让孩子有一个健康的成长环境是每个家长关心的问题。

> 我的一个朋友单位有携全家进京的指标，他犹豫了很久，因为自己总工作出差不着家，在老家的时候妻子跟岳父岳母住一起，生活上都互相有照应，来北京的话妻子没有朋友圈，生活上也会少很多帮助，但是为了儿子的教育最后决定举家搬迁进京。到北京不到半年，他每次回家发现妻子和儿子周末也挺忙，原来妻子来到北京就给孩子在离家不远的地方报了篮球班，孩子们打球的时候，她就跟其他家长在边上陪着，没事就开始聊天。聊着聊着，大伙儿就越来越熟了，发现班上很多孩子住的都不远，除了打篮球在一起，他们也会结伴出去玩。
>
> "平时打完球一起去吃饭，或者一起到公园再玩会儿，有时候

孩子们穿着队服，特别有团队的感觉，也非常有仪式感，儿子可开心了！"赶上队里的小朋友过生日，大家还会一起庆祝、送祝福，看着妻子手机里儿子开心的照片，还有妻子脸上的笑容，朋友心里也就放心了。

人和人之间的感情就是需要用时间积累的，带娃一起打篮球，为家长们创造了在一起的时间，孩子们的朝夕相处拉近了原本陌生的家长，他们渐渐成为无话不谈的朋友。在陪孩子打篮球的同时，家长们也结成了"战斗同盟"，无形中拓展了社交圈……在陌生的城市中，孩子们成为家长社交的黏合剂和助推剂，带娃打球，结交朋友，是融入新环境的最好方法之一。

小手拉大手，激发大家的积极性

琪琪5岁前我基本没有时间陪她玩，虽然住在北体大家属区，但是因为工作关系，跟其他学科和部门的老师也都不太认识。从美国留学回来后，偶尔带琪琪下楼玩，大家都看着琪琪问"你是琪琪妈妈吧？"2016年12月底，我决定以篮球班为基础发起一次元旦亲子篮球嘉年华活动，既为了孩子们能开心玩，也为了同事们能互相认识，陪孩子更好地成长。

为了办这次活动，我开始联系学校的同事，这才发现原来打过无数次照面的"陌生人"是某某孩子的爸爸或者妈妈，大家都发出"原来是你"这样的感叹。最终，联合了三十多个家长一起出谋划策，走访了学校的场馆处、工会、国际交流中心等部门，寻求场地、物资等支援。最有意思的是活动策划环节，我们利用工作间隙在群里商量怎么玩，道具用什么，大家集思广益，办公室的老师收集报纸搓成小纸球，设计了"谁是神射手"游戏；乒乓球专业的老师拿来拍子和球，设计了"手眼协调运球"游戏……那时候最流行"撕名牌"的游戏，我们就从网上买了撕名牌的道具，让孩子们也过了把瘾。活动那天，家家都带上好吃的、好喝的和一份新年礼物，活动中间穿插抽奖，每个孩子的礼物都会成为奖品，最终每个人也会像拆盲盒一样收到一件新年礼物，大人小孩都玩得很开心，都嚷嚷以后得搞成年度活动。

可惜后来因为工作关系，没能坚持下去。但是回想起来，由于那次活动，我与学校很多部门的老师建立了联系，也经常在培养孩子的问题上进行交流互动，在工作上也消息互通，结成联盟。

孩子的需求能够很大程度上激发家长们的积极性，群策群力。我很幸运生活在学校的家属区，大院里的大人孩子都有大学这条纽带。我们很多人生活的社区也许邻里之间没有像我这样的纽带，但是只要我们愿意付出，愿意去合作，一定能就近为孩子找到团队，一起打篮球是个非常好的选择，让孩子们成为我们破冰的"理由"，共同为孩子搭建健康、团结的生活环境。

参考文献

[1] Rachad M.,David A.Motor Learning and Control [M].New York: McGraw Hill LLC,2021.

[2] 勒恩斯.运动心理学导论[M].姚家桃，等译.西安：陕西师范大学出版社，2005.

[3] 弗朗索瓦·托马佐.世界体育秘史[M].孙奇，李畅，杨雅乔，译.北京：社会科学文献出版社，2021.

[4] 全国体育院校教材委员会.运动训练学[M].北京：人民体育出版社，2000.

[5] 王瑞元，苏全生.运动生理学[M].北京：人民体育出版社，2002.

[6] 唐征宇.运动心理学[M].上海：上海教育出版社，2018.

[7] 菲利帕·佩里.真希望我父母读过这本书[M].洪慧芳，译.北京：中信出版社，2020.

[8] 甄志平，李晗冉，陈麒先，等.改革开放以来中国学生身体素质发展敏感期变迁趋势研究[J].北京师范大学学报（自然科学版），2021，57(2):283-293.

[9] 边玉芳.表扬与批评的妙用——赫洛克等人的表扬与批评实验[J].心理实验室，2014(16):34-35.

[10] 郑毅.不容忽视的青少年心理健康[J].中华养生保健,2014(8):23-24.